하루 한 권 학습만화 16

세계의역사

일러두기

이 책은 세계사를 바라보는 다양한 시각 및 국제정치적 감각을 길러주기 위한 목적으로 기획되었다. 원서는 비교 역사학을 토대로 서술되어 특정 국가의 시각에 치우치지 않고 세계 각국의 다양한 역사적 사실에 기반을 두고 있다. 다시 말해 우리 민족의 관점으로 바라본 세계사가 아님을 밝힌다.

다만 역사라는 학문의 특성상 우리나라 학계 및 정서에 맞지 않는 영토분쟁·역사적 논쟁점도 분명히 존재한다. 편집부 역시 이러한 사실을 인지하고, 국내 정서와 다른 부분은 되도록 완곡한 단어로 교정했다. 그러나 오늘날 발생하는 수많은 역사 분쟁을 다양한 시각에서 논의할 수 있도록 필요한 부분은 원서의 내용을 살려 편집했다. 교육 자료로 활용하거나 아동이 혼자 읽는 경우 이와 같은 부분에 지도가 필요할 수 있음을 당부드린다.

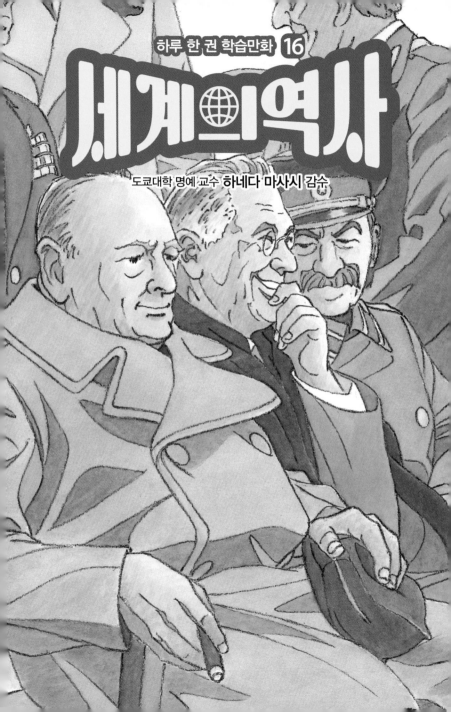

중국의 국민혁명과 일본의 움직임

국민당과 공산당이 대립과 협력을 거듭하는 가운데 일본이 만주사변을 일으켜 중일 전쟁이 시작된다.

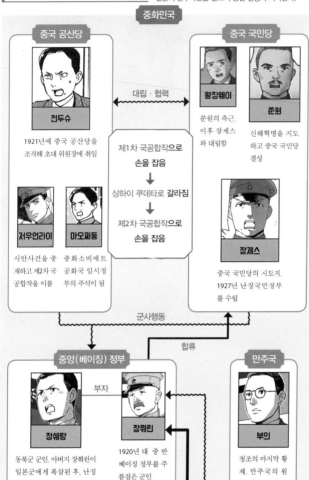

중화민국

중국 공산당

천두슈

1921년에 중국 공산당을 조직해 초대 위원장에 취임

저우언라이

시안사건을 중재하고 제2차 국공합작을 이룸

마오쩌둥

중화소비에트 공화국 임시정부의 주석이 됨

대립·협력

제1차 국공합작으로
손을 잡음
↓
상하이 쿠데타로 **갈라짐**
↓
제2차 국공합작으로
손을 잡음

중국 국민당

왕징웨이

쑨원의 측근. 이후 장제스와 대립함

쑨원

신해혁명을 지도하고 중국 국민당 결성

장제스

중국 국민당의 시도지. 1927년 난징국민정부를 수립

군사행동

합류

중앙(베이징) 정부

부자

장쉐량

동북군 군인. 아버지 장쭤린이 일본군에게 폭살된 후, 난징 국민정부에 합류

장쭤린

1920년 대 중 반 베이징 정부를 주름잡은 군인

관계가 깊음 암살

만주국

부의

청조의 마지막 황제. 만주국의 원수가 됨

건국

일본

대립

일본 수석전권으로서 국제연맹 총회에서 탈퇴를 선언, 훗날 외무대신에 오름

마쓰오카 요스케

일본군

중화민국 동북 지방에 상주한 일본 육군부대

주요 사건

1939년
제2차 세계대전 발발

1940년
독·이·일 삼국동맹 체결

1941년
태평양 전쟁 발생

1945년
제2차 세계대전·태평양 전쟁 종식

제2차 세계대전 무렵의 세계

두 번째 세계적 규모의 전쟁이 시작된다. 초반에는 추축국이 우세했으나 점차 전세가 역전된다.

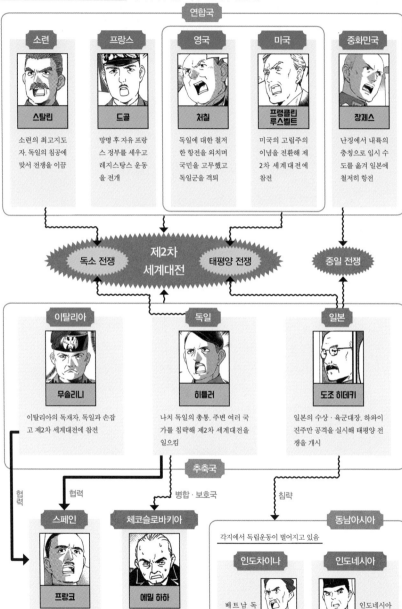

독자여러분께

16

제2차 세계대전

도쿄대학 명예 교수 **하네다 마사시**

　1930년 무렵 이탈리아, 독일, 일본에서 전체주의 정부가 탄생합니다. 이들은 세계 각국의 반대를 무릅쓰고 군사력을 동원해 지역의 병합 및 식민지화를 추진했습니다. 더 나아가 1939년에는 히틀러가 이끌던 독일이 폴란드를 침공합니다. 이를 기점으로 유럽에서는 전면적인 전쟁이 시작됩니다. 한편, 1937년에는 중일 전쟁이 일어납니다. 이 전쟁을 일으킨 일본의 목적 중에는 중화민국을 지원하던 미국에 대한 견제도 있었습니다. 이에 따라 일본은 1940년에 독일, 이탈리아와 삼국동맹을 맺습니다. 1941년 12월, 이들이 미국과 영국에 선전포고를 하면서 전쟁은 아시아 태평양 지역을 비롯한 세계로 확장됩니다. 미국, 영국, 프랑스, 소련, 중국을 중심으로 한 연합국과 독일, 이탈리아, 일본을 중심으로 한 추축국 사이에서 일어난 이 세계적인 규모의 전쟁을 '제2차 세계대전'이라 부릅니다. 소련을 공격한 독일은 고전을 면치 못했고, 이탈리아가 항복한 1943년 후반부터 점차 연합국 측이 유리해집니다. 결국 1945년에 독일과 일본이 항복하면서 전쟁이 종식됩니다. 이 전쟁으로 인해 일본에서 3백만 명 이상, 전 세계적으로는 6천만 명 이상이 목숨을 잃었습니다.

　왜 이렇게 비참한 전쟁이 일어났을까요? 복잡하게 얽힌 전쟁의 원인이 무엇인지, 그 실타래를 풀고 두 번 다시 전쟁을 일으키지 않으려면 어떻게 해야 할지, 이 책을 읽으며 고민해 보시면 좋겠습니다.

당부의말씀

- 이 도서의 원서는 일본 문부과학성이 발표한 '2008 개정 학습지도요 령'의 이념, '살아가는 힘'을 기반으로 편집되었습니다. 다만 시대상 을 반영하려는 저자의 의도적 표현을 제외하고, 역사적 토론이 필요 한 표현은 대한민국 국내의 정서를 고려해 완곡하게 수정했습니다.

- 인명·지명·사건명 등의 명칭은 대한민국 초·중·고등학교 교과서 를 바탕으로 삼되, 여러 도서·학술정보를 참고해 상대적으로 친숙 한 표현으로 표기했습니다.

- 대체로 사실로 인정되는 역사를 기반으로 구성했습니다. 다만 정확 한 기록이 남지 않은 등장인물의 경우, 만화라는 장르를 고려해 쉽고 재미있게 읽을 수 있도록 대화·배경·의복 등을 임의로 각색했습니 다. 또 역사의 흐름을 이해하는 데 도움이 되도록 만화에 가공인물을 등장시켰습니다. 이러한 가공인물에는 별도로 각주를 달아 표기했습 니다.

- 연도는 서기로 표기했습니다. 사건의 발생 연도나 인물의 생몰년이 불분명한 경우에는 일반적으로 통용되는 시점을 채택했습니다. 또 인 물의 나이는 앞서 통용된 시점을 기준으로 만 나이로 기재했습니다.

- 인물의 나이는 맞춤법에 어긋나더라도 '프리드리히 1세'처럼 이름이 같은 군주의 순서 표기와 헷갈리지 않도록 '숫자 + 살'로 표기했습니 다. 예컨대 '스무 살, 40세'는 '20살, 40살'로 표기했습니다.

1940년 전후의 세계

하네다 마사시 교수님

> 독일, 일본, 이탈리아와 같은 전체주의 국가들이 영토와 식민지 확대를 추진하면서 전 세계적으로 6천만 명 이상이 사망하는 비참한 전쟁이 일어났습니다.

왕징웨이가 난징정부의 주석이 됨(1940년) A

난징을 점령한 일본은 괴뢰정권을 출범시켜 왕징웨이를 주석으로 삼음

일본이 미국의 진주만에 공격을 가함(1941년) D

일본이 미국의 진주만을 기습 공격해 태평양 전쟁이 시작됨

일본군, 프랑스령 인도차이나에 주둔 (1940년, 1941년)

일본이 북부 프랑스령 인도차이나, 남부 프랑스령 인도차이나를 침공함

루스벨트 대통령, '네 가지 자유' 선언(1941년)

민주주의의 네 가지 원칙을 제시하면서 연합국 지원의 필요성을 강조함

8

① 두 번째로 세계적 규모의 전쟁이 일어난 시기네요.

 ② 독일이 폴란드를 침공하면서 제2차 세계대전이 시작됩니다. 이미 중국과 전투 중이던 일본은 진주만 공격을 감행해 미국과도 전쟁을 벌입니다.

 ④ 한때 일본은 동남아시아를 점령할 야망을 보였지만, 결국 전쟁으로 인해 3백만 명 이상의 사망자를 내고 1945년에 항복합니다.

 ③ 프랑스를 항복시킨 독일은 상호 불가침 조약을 맺은 소련에 쳐들어갔군요.

소련의 스탈린이 일본과 일소 중립 조약을 맺음(1941년)

스탈린은 일본과 영토 보전·불가침을 상호 약속하는 조약을 체결함

노몬한 사건 (1939년)

만주와 몽골의 국경 부근에서 일본과 소련이 무력 충돌함

독일·소련의 폴란드 침공 (1939년) **B**

독일과 소련이 폴란드 침공을 계속해 단기간에 제압함

프랑스 남부, 비시 정부 성립 (1940년) **C**

페탱 장군은 독일에 항복하고 비시에 새로운 정부를 출범시킴

독일·이탈리아·일본의 삼국동맹 체결(1940년)

1940년, 독일·이탈리아·일본 사이에 군사동맹이 체결됨

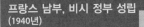

◀ 다음 페이지에서 자세한 설명을 확인하세요

A

중일 전쟁에서
제2차 세계대전으로

중일 전쟁은 루거우차오 사건을 발단으로 시작되었다. 이후, 중화민국 측이 수도를 난징에서, 오지인 충칭으로 옮겨 치열하게 항전했고, 결국 장기전이 된다. 1941년, 일본과 미국이 전쟁을 시작하자 이 전쟁은 제2차 세계대전의 일부가 되었다.

독일에서
반유대인 정책이 실시됨

B

나치당은 유대인을 강제로 잡아들여 아우슈비츠 비르케나우 수용소를 비롯한 강제수용소로 보냈다. 수용소의 가스실에서 약 6백만 명의 유대인이 학살되었으며, 이 학살은 홀로코스트라고 불린다.

노르망디 상륙 작전을 감행함

1944년, 미국과 영국을 중심으로 구성된 연합군은 독일 지배 지역인 북프랑스 노르망디 해안에서 상륙 작전을 펼친다. 이 작전에 성공하면서 연합군의 독일 반격이 본격화된다.

태평양 전쟁이 발발함

1941년 태평양 지역에서 미국과 일본 사이에 일어난 전쟁이며, 일본이 미국의 진주만을 공격하면서 시작되었다. 초반에는 일본이 우세했으나, 미드웨이 해전에서 미국에 대패하면서 상황이 역전되었다.

세계를 한눈에!

16 파노라마 연표(1939년~1945년)

아프리카, 서·남·동남아시아	동·북아시아	일본	
	중화민국	시베리아 출병(1918년)	다이쇼시대
	중국 국민당 성립(1919년)	파리 강화회의/베르사유 조약(1919년)	
	중국 공산당 성립(1921년)		
	제1차 국공합작(1924년)	관동 대지진(1923년)	
	국민혁명군이 북벌 개시(1926년~1928년)		
	만주사변(1931년~1933년)		쇼와시대
	루이진에 중화소비에트공화국 임시정부 수립(1931년)		
		2·26 사건(1936년)	
		독일 방공협정(1936년)	
	중일 전쟁 개시(1937년~1945년)		
	제2차 국공합작(1937년)		
		노몬한 사건(1939년)	
제2차 세계대전 개시(1939년~1945년)			
일본이 북부 프랑스 인도차이나에 진주(1940년)	난징에 **왕징웨이** 정권이 들어섬(1940년)	독·이·일 삼국동맹(1940년)	
베트남 독립동맹회 결성(1941년)		일소 중립 조약(1941년)	
태평양 전쟁 개시(1941년~1945년)			
일본군이 마닐라를 점령(1942년)	미국·영국과 동맹 체결(1941년)	미군기에 의한 도쿄 첫 공습(1942년)	
일본군이 싱가포르를 점령(1942년)		미드웨이 해전(1942년)	
미얀마(버마)가 독립을 선언(1943년)	불평등 조약이 철폐됨(1943년)		
	♟장제스 (1943년~1948년)		
	장제스가 카이로 회담에 참석(1943년)		
		미군이 사이판 섬에 상륙 본토 공습이 시작됨(1944년)	
아랍 연맹 결성(1945년 3월)		히로시마·나가사키에 원자폭탄 투하(1945년 8월)	
		포츠담 선언 수락(1945년 8월)	
		일본 항복(1945년 8월)	
장 채택(1945년 6월) / 국제연합 출범(1945년 10월)			
독식(1945년 8월)			

연대	남 · 북아메리카	유럽				러시아 · 소련
	미국	영국	프랑스 공화국	이탈리아 · 스페인	독일 공화국	
1915년		베르사유 조약(파리 강화회의, 1919년)				
1920년				👤무솔리니 (1922년~1943년)		소비에트 연방 건국(1922년)
1925년						
1930년	👤루스벨트 (1933년~1945년)				나치 정권 성립(1933년) 👤히틀러 (1934년~1945년, 총통)	
1935년				에티오피아 침략(1935년) 스페인 내전 (1936년) 게르니카 폭격 (1937년)	재군비 선언(1935년) 방공협정(1936년) 오스트리아 병합(1938년)	
		뮌헨 회담(1938년)				
1939년					독소 불가침 조약(1939년) 폴란드 침공(1939년)	
1940년	대서양 헌장(1941년) 태평양 전쟁 개시(1941년 ~1945년) 제2차 세계대전 참전(1941년) 원자폭탄 제조 계획 개시(1942년) 햇불 작전(1942년) 미국과 영국군이 시칠리아 섬에 상륙(1943년)	👤처칠 (1940년~ 1945년)	독일에 항복 (1940년) 비시 정부 (1940년~1944년) 무솔리니가 파면됨(1943년) 이탈리아 항복 (1943년)	독 · 이 · 일 삼국동맹(1940년)	소련 침공(1941년)	소련-핀란드 전쟁(1939년) 👤스탈린 (1941년~1953년) 일소 중립 조약(1941년) 스탈린그라드의 전투(1942년~1943년)
		카이로 선언/테헤란 회담(1943년)				
			연합군, 노르망디 상륙 (1944년)			
1945년		얄타 회담(1945년 2월) / 포츠담 선언(1945년 7월)				
	👤트루먼 (1945년~1953년)				베를린 함락 및 독일 항복(1945년 5월)	대일 전쟁 참전 (1945년 8월)
				샌프란시스코 회의에서 국제연		
				제2차 세계다		

제2차 세계대전

(1939년 ~ 1945년)

목 차

만약에 ▶ 제2차 세계대전 지도자들이 다른 세계로 소환된다면… *!?*

〈자켓 및 표지〉 곤도 가쓰야 (스튜디오 지브리)

글로벌한
관점으로
세계를
이해하자!

세계사 내비게이터
하네다 마사시 교수

일본판 도서를 감수한 도
쿄대학의 명예 교수. 세계
적인 역사학자로 유명함

〈일러스트〉 우에지 유호

만약에

하네다 마사시 교수님

제2차 세계대전 지도자들이 다른 세계로 소환된다면…!?

큰일이야! 마왕의 군대가 쳐들어오고 있어!

나도 마법사가 되어버렸군!

아무래도 제2차 세계대전과 관련된 인물들이

시공간을 초월해 다른 세계로 소환된 것 같습니다!

안녕하세요, 저는 역사학자 하네다 입니다.

큰일 났습니다.

나는 마왕이 아니다.

마왕이 친히 행차하실 줄이야….

마왕이 나타났다!

도대체 모두 어디로 가버린 걸까요….

16

한편, 파시즘은 전체주의※ 사상, 극단적인 자민족 중심주의 폭력, 대외 침략이 특징입니다.

계획 경제를 통해 평등한 사회를 실현하려는 사상이 공산주의입니다. 재산을 공동으로 소유하는 것이 특징이지요.

공산주의 동지들이여, 단결하라! 파시즘과 싸워 이기자!

※ 개인의 자유를 제한하고 국가와 사회, 전체의 이익 추구를 우선하는 체제

폴란드의 절반을 소련에게 주겠다.

어때, 솔깃하지 않나?

뭐?

후후, 한 가지 제안을 하겠네.

이쪽 쯧쯧, 세계도 어수선하군요.

당신은...!

앙숙 관계였던 독일과 소련이 손을 잡아 세계를 놀라게 만들고 있군요!

뭐야, 이 사람!

뭐하는가. 어서 내 손 잡게나.

척

?!

우리가 히틀러를 막지 못하면 세계는 암흑에 잠기고 말 것이오!

히틀러에게 양보를 요구해봤자, 전쟁은 막을 수 없소.

이 세계에 소환되어 주교가 된 영국의 '처칠'!

윈스턴 처칠
(1874~1965)
영국 수상

당시, 영국에서 열린 처칠의 연설은 국민에게 힘을 북돋아 주었는데요, 여기서도 마찬가지군요.

마왕의 군대와 싸우자!

옳소!

승리만이 살 길입니다!

우리의 목표는 승리!

다른 나라와 협력해야 하오.

하지만 우리의 힘만으로는 히틀러를 이길 수 없소.

전쟁 반대!

우리나라는 마왕군과의 전쟁에 휘말리면 안 된다!

이쪽은 아무래도 전쟁을 반대하는 목소리가 더 크군요.

그럼, 잠시 이웃 나라의 상황을 살펴볼까요?

히틀러의 행보는 미국의 안보를 위협하고 있습니다!

우리나라에 쳐들어 올지도 모르는 일!

맞아! 마왕의 기세를 꺾어야 해!

더 늦기 전에 참전합시다!

'루스벨트'는 이웃나라로 소환되었군요! 뛰어난 기사의 모습입니다!

프랭클린 D. 루스벨트
(1882~1945)
미국 대통령

21

제 1 장 중화민국의 국민혁명과 중일 전쟁

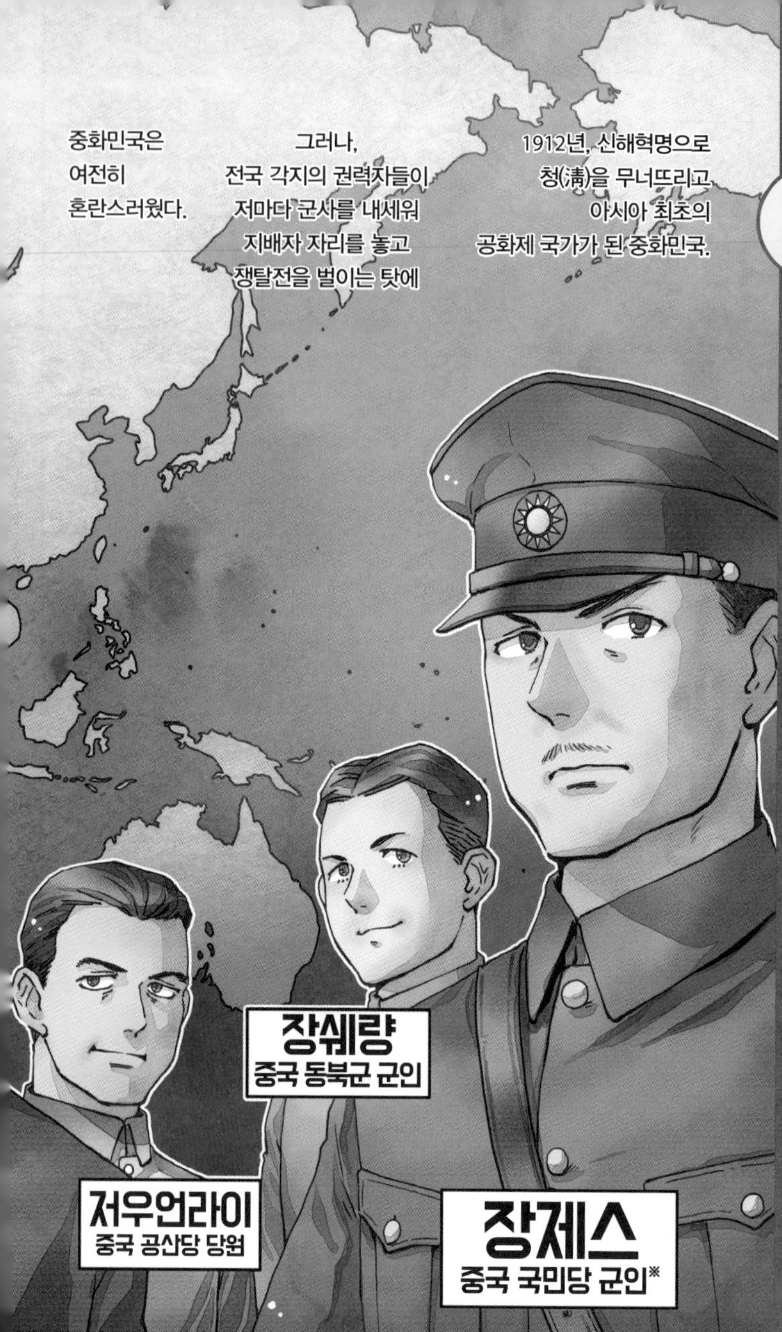
1912년, 신해혁명으로 청(淸)을 무너뜨리고 아시아 최초의 공화제 국가가 된 중화민국.
그러나, 전국 각지의 권력자들이 저마다 군사를 내세워 지배자 자리를 놓고 쟁탈전을 벌이는 탓에
중화민국은 여전히 혼란스러웠다.
장쉐량
중국 동북군 군인
저우언라이
중국 공산당 당원
장제스
중국 국민당 군인※

※ 인물의 직위는 1920년대 초반을 기준으로 함

자네, 그 소식 들었나?

1919년 중화민국

러시아가 굉장한 이야기를 꺼냈어.

그런 가운데 새로운 혁명의 막이 오른다.

공산주의? 사회주의와는 또 다른 것인가 보군.

공정하고 평등한 공산주의 국가를 만든다고 하는군!

세계 각국의 간섭을 물리치고

대단 한데!

이전에 청 시기에 맺은 불평등 조약도 철폐해 준다고 하는군.

마오쩌둥
중국 공산당 당원

천두슈
중국 공산당 서기

'5·4운동'※을 비롯해 민족 자립의 움직임이 고조되는 가운데 1919년 10월, 상하이에서는

중국 국민당 깃발

미약하긴 했으나 새로운 정치 세력인 '중국 국민당'이 결성됐다.

우리나라는 의회를 통해 정치 의사를 결정하는 공화제 국가지만,

아직은 국력이 약해 열강의 입김에서 자유롭지 못하지.

군주제인 청조
↓
공화제인 중화민국

더 강한 나라가 되려면 어떻게 해야 하는 건지…

하아~

※ 1919년 5월 4일에 학생들을 중심으로 일어난 항일 운동. 산둥반도의 권익 반환을 주장

그 무렵 중화민국은

영토 곳곳에 지방군을 두었고,

각 군대는 저마다 독립된 나라처럼 해당 영토를 다스리고 있었다.

신해혁명의 목표에는 도달하지 못했으나,

이번에야말로 '삼민주의'를 실현하자!

쑨원
중국 국민당 총리

우리 중화민국도 러시아처럼 사회주의를 채택해야 합니다!

중국 공산당 깃발

마오쩌둥
중국 공산당 당원.
훗날 중화인민공화국을
건국하는 인물

천두슈
중국 공산당 서기

한편, 1921년 7월 코민테른※의 지원으로 중국 공산당이 결성된다.

※ 국제적 차원에서 공산주의 운동을
지원한 조직으로 러시아가 주도함

양당의 정치적 방향성은 달랐으나,

제국주의에 맞서, 중화민국의 주권을 회복하고, 새로운 발전을 이뤄내겠다는 목표는 같았다.

이 두 정당은 훗날의 '중국'에 큰 영향을 미친다.

천두슈

간부가 민중을 지도합니다

공산당은 소수의 지식인에 의해 창당되었으며,

마오쩌둥

국민당과는 달리 '러시아 사회주의 사상'을 목표로 삼았다.

민중은 모두 평등

28

중화민국의 주권을 되찾자!

상공업자와 노동자, 학생 모두가 힘을 합쳐

외국인에게 힘을 주는 조계를 철폐하라!

외국의 횡포를 용서할 수 없다!

이 움직임은 중화민국 전역으로 퍼져나갔다. 다양한 계층의 사람들이 모여 중화민국의 주권 회복을 위한 민족 운동을 일으켰는데, 이를 '5·3 운동'이라고 부른다.

혁명은 아직 끝나지 않았네….

1925년 3월

이로써 중화민국의 민족 운동을 인정하는 외국의 움직임이 비로소 시작된 것이다.

국민들의 노력 끝에, 마침내 영국은 중화민국 민족 운동의 요구에 따라 대대적인 정책 전환을 단행한다. 또한, 조계의 행정권에 대한 중화민국과의 교섭에도 응했다.

모두
앞으로도
노력해주길
바라네….

이럴
수가
….

중산※
선생님!

중화민국의
주권 회복과
민족의 통일에
평생을 바친 쑨원이
세상을 떠났다.

※ 쑨원의 이칭

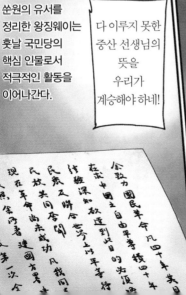

쑨원의 유서를
정리한 왕징웨이는
훗날 국민당의
핵심 인물로서
적극적인 활동을
이어나간다.

다 이루지 못한
중산 선생님의
뜻을
우리가
계승해야 하네!

이렇게
빨리
가시다니요
….

아직
하실
일이
많은데

왕징웨이
중국 국민당 당원

같은 해 7월,
'광저우 국민정부'가
출범한다.

장쭤린※

베이징

그러나 베이징에는
일본과 깊은 관계를
맺고 있던 중앙정부,
'북양정부'가 있었다.

천두슈

장제스

광저우

※ 만주(중국 동북 지방)를
다스리던 지방군의 수장

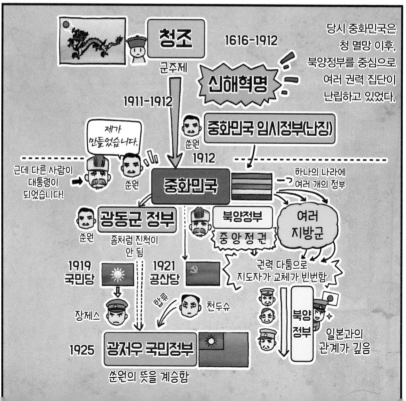

청조 1616-1912

군주제

신해혁명

당시 중화민국은
청 멸망 이후,
북양정부를 중심으로
여러 권력 집단이
난립하고 있었다.

1911-1912

중화민국 임시정부(난징)

쑨원

1912

제가
만들었습니다.

근데 다른 사람이
대통령이
되었습니다!

쑨원

중화민국

하나의 나라에
여러 개의 정부

광동군 정부

쑨원   좀처럼 진척이
안 됨

북양정부

중앙정권

여러
지방군

권력 다툼으로
지도자가 교체가 빈번함

1919
국민당

1921
공산당

장제스   합류   천두슈

북양
정부

일본과의
관계가
깊음

1925   광저우 국민정부

쑨원의 뜻을 계승함

한편, 그 무렵 국민당은 국민정부의 본거지를 광저우에서 우한으로 옮겼고, 공산당도 여기에 협력했다.

상하이

우한

왕징웨이

천두슈

광저우

북벌군은 노동자와 농민들의 지지를 받으며 진군을 이어나갔다.

북벌군은 농민의 편 이라지?

우리도 돕는 것이 어떻겠나!

노동자의 요구가 우스운가!

임금을 그만큼 인상하면 우리 가게는 망하고 말걸세!

당장 월급을 더 올려!

기세가 오른 민중의 권리 요구가 도를 넘어서기 시작했다.

자본가와 지주를 모두 내쫓자!

지배자 계급은 우리의 적이다!

한편, 우한에서는

공산주의의 영향을 받은 사람들이 과격한 행동을 벌였고,

공산당 간부들은
필사적으로 저지했으나,
과격 시위는
좀처럼 잦아들지 않았다.

민중의
폭주를
막아야
하네!

너무
터무니없는
요구를
하는군.

천두슈

민중 운동
확산의
책임은
공산당에
있다!

노동자를
내버려 둘
생각인가!

회상

국민정부는
무엇을
하고 있는
것인가!

상공업자, 지주,
대다수의 국민당원은
공산당과 손을 잡은
국민정부에
강하게 반발했다.

뭐라?

상하이에서
노동자들이
무장봉기를
일으켰
습니다!

벌
컥

사령관님,
큰일
났습
니다!

북방의 적과
싸우는 사이,
민중 운동이
이렇게까지
격해져 있을 줄이야.

상하이 임시정부의 공산당 세력이 주도하고 있습니다!

민중을 이용해 혁명의 주도권을 잡으려 했군…

공산당은 우리가 북양정부와 싸우는 동안에

당시 국민혁명 세력은 북양정부 하의 시(市)정부를 무너뜨리고, 상하이에 임시정부를 세운 상태였다.

노동조합

상하이 임시정부

우한 국민정부

공산당과는 여기까지다!

국민당 내부에서도 불만이 터져 나오고 있소.

탁

탕 탕 탕

그리하여 1927년 4월 12일, 장제스는 국민혁명군을 상하이 시내로 진입시켰다.

이후 공산당 노동자 조직을 습격하고 임시정부를 탄압했는데, 이 사건을 '상하이 쿠데타'라고 부른다.

얼른 상하이를 빠져나가야 합니다!

저우언라이 동지, 이쪽입니다!

공산당원들은 상하이에서 탈출했고,

탓 탓 탓

지금의 공산당과는 도저히 손을 잡을 수 없어!

그후 장제스는 난징에 새로운 정부인 '난징국민정부'를 수립해 반대파를 소탕하는 데 힘썼다.

난징 ●상하이

장제스 놈들과는 여기까지인가....

제1차 국공합작은 붕괴됐다.

저우언라이

41

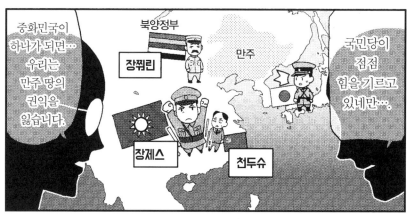

돌격!

산둥성 지난에서 일본군과
국민혁명군 사이에
군사 충돌이 일어난다.
국민혁명군은
3천여 명의
희생자를 냈고,
이에 따라 일본군은
지난을 점령한다.
이 사건이 바로
'지난 사건'이다.

1928년
산둥 성
지난

요즘
지난의
치안이
엉망이라고
하더군!

우리는
일본
거류민을
보호하기
위해 왔다!

치안은
우리가
지킨다!

여기는
중화민국
땅이다!

그렇다면
무력을
행사하는
수밖에!

일본에게 장쭤린의 존재는 장애물로 인식되어 갔다.

협력은 하겠지만 만주는 줄 수 없어!!

만주를 갖고 싶어...

만주

그러나, 일본이 중화민국 대륙을 침공하면서

러일전쟁 시기부터 장쭤린과 일본은 깊은 관계를 맺고 있었다.

본거지인 만주로 철수하는 도중...

장쭤린이 장제스의 국민혁명군에 패한 후

그런 상황 속에서 1928년 6월 4일

... 드디어 왔군.

슈슝 슈슝

달칵

그 틈에 우리가 단숨에 실권을 장악한다.

놈이 죽으면 만주는 큰 혼란에 빠지겠지.

북양 정부를 잃은 장쭤린은 이제 쓸모 없다.

1928년
12월 29일
그리하여
국민정부 아래,
중화민국이
통일된다.

중화민국은
우리
중국인의
것입니다!

※ 북양정부를 상대로 한 북벌은 1928년 6월에 종결됨

1931년 루이진에서
'중화소비에트공화국
임시정부' 수립을 선언한다.

난징●

●루이진

반면,
국민당과 갈라져
기세를 잃은 공산당은
국민정부를
쓰러뜨리기 위해

정책이
너무
급진적인
거
아니오?

하지만 공산당은
지주나
부유한 농민에게
무작정 토지를
몰수하지 않소!

민중을
구할 의지가
없다는 뜻
아니
겠습니까!

장제스는
지주와
자본가 편에
섰습니다!

마오쩌둥

마오쩌둥이 이끈
공산당은
국민혁명군의 무력을
이겨내지 못하고
도시 지역을 떠나
농촌으로 향했다.

포기
해서는
안 된다!

공산당이
민중의
지지를
잃고있다!

놈들을
때려
눕히자!

장제스는
여러 차례에 걸쳐
공산당 토벌을
실시한다.

1934년부터는
2년여 동안
서부 산간지역을
걸어서 달아났다.

털썩

루이진은
포기
한다!

서쪽
으로
피하자!

으…
장제스
녀석!

탓

탓

베이징

옌안

우한

루이진

이후 본거지로 삼은
옌안에 닿았을 때는

옌안
이군
…

10만 명에 달하던 병력이
수천 명으로 줄어들어 있었다.

저기에
무언가가
보인다!

그 무렵, 자본주의 국가들은 1929년에 발생한 세계 대공황의 영향으로 경제 위기에 허덕이고 있었다.

일본 역시 큰 타격을 받았고, 일본 정부는 자원이 풍부한 만주를 손에 넣기 위해 기회를 엿보고 있었다.

불경기다 소지품을 내려라!!

불경기 타개 대 연설회

그렇게 일본의 여론은 만주 진출을 지지해 나갔다.

짝 짝 짝

와 아 아

맞는 말이다 !!

옳소 옳소!

같은 해 9월 18일

베이징

펑톈

류탸오후

펑톈역

펑톈성

'만몽문제'※는 일본의 생사가 걸린 문제입니다!

우리 국민의 생명줄이다, 이 말입니다!

※만은 만주, 몽은 내몽골을 가리킴

그리고 제국 의회에서도 1931년 1월,

마쓰오카 요스케
중의원의원

류탸오후에서 남만주철도의 선로가 폭파되는 '류탸오후 사건'이 발생했다.

쾅

무슨 소리지?!

중화민국의 소행이 틀림없다!

우리 일본이 경영하는 간선 철도를 망가뜨려?

반격하라!

일본군 육군참모본부

억지 주장은 그만 두시오!

폭파는 일본군의 짓이다!

중화민국

이 사건을 두고 중화민국과 일본의 주장은 서로 달랐는데,

사실은 일본군의 자작극이었다.

日軍於昨晨
占領瀋陽
同時占領長春
我軍全未抵抗
已提抗議

펑텐 국민혁명군이 만철선을 폭파.
일본군이 어제 아침
돌연 펑톈을 점령.
아군은 저항하지 않았으며,
중앙 정부는 일본에 항의

奉天軍が
滿鐵線を破
日支兩軍
戰鬪を開
責任は
にあり

일본과 중화민국은 전투를 개시했으며,
책임은 중화민국에 있음

우리 국민정부는 일본의 부당한 공격에 대해 국제연맹에 호소하고,

국제적인 압력으로 침략을 막고 싶소.

우리에게 아직 그만한 힘은 없네···. 지금은 참을 때지.

그보다 무력으로 저항해야 하지 않겠습니까?

장제스

민중의 불만은 이해하지만, 우리 쪽에서 일본을 자극하는 것은 좋은 방법이 아니오.

일본은 필사적으로 중화민국을 침략할 구실만 찾고 있소.

지금은 공산당을 쓰러뜨리는 것이 우선이다.

게다가 우리가 일본과 싸우게 되면

공산당만 이득을 볼 뿐이야.

이후, 국제연맹은 중국의 호소를 받아들여 1931년 12월, '리튼'을 대표로 하는 조사단을 파견하기로 결정한다.

53

한편, 일본 군부는 만주 점령에 대한 외국의 비판을 피하기 위해 몰래 계획을 꾸민다.

외국의 시선을 만주가 아닌 다른 곳으로 돌려야 하네. 상하이에서 사건을 일으켜주게.

일본은 중국인을 매수해 일본인 승려를 습격하라 지시하고, 거류민의 보호 명목하에 군사를 상하이로 보낸다.

1932년 1월 28일, 제1차 상하이 사변이 발생했다. 군사 충돌이 일어난 것이다.

그러나 이것은 오히려 중화민국의 저항을 부추겼고

중화민국의 주권을 지키자!

우리는 일본의 침략 행위에 단호히 맞설 것이다!

국민 정부와 함께 싸우자!

우리도 하면 한다고!

1932년 5월 일본군은 고전 끝에 정전 협정을 맺고 철수한다.

그리고 1932년 2월

결국 리튼 조사단이 동아시아에 온다고 합니다.

국제연맹이 움직이기 시작한 건가…

일본군 본부

54

만주에 있지 않은가 ….

구 왕조의 황제라는 지배자가

만주 지배의 기정사실이 필요할 것 같습니다만.

곧 이쪽으로도 오겠군.

우선 도쿄에서 조사를 시작한다고 합니다.

청을 부활시킬 수만 있다면….

일본의 힘을 빌리는 것은 내키지 않지만

일본군은 청의 마지막 황제인 '부의'를 텐진에서 데려와 국가 원수에 임명하고,

1932년 3월 '만주국'을 건국한다.

부의

이후 리튼조사단은 만주에서 조사를 실시했고

같은 해 10월에 보고서를 발표한다.

만주국을 국가로 인정하지 않는다.

뭐?

그러나 1933년 2월 국제연맹 총회에서

일본군의 만주 철수 권고안이 채택되었다.

또한 만주국은 자발적인 독립운동에 의해 생긴 것이 아니다!

일본의 행동은 부당하다.

만주에 대한 일본의 권익 유지는 인정하나,

이 같은 발표에 일본의 군부와 대중매체는 국제연맹을 비난했다!

포악한 중국, 일본의 따끔한 맛을 보여줘야 할 때!

전쟁에서 승리해 더 나은 생활을 만들자!

이 무렵 일본에서는 만주 진출을 지지하는 여론을 등에 업고 군부가 득세하고 있었다.

서구에 뒤처지지 않도록 블록경제권을 구축해야…

일본은 권고안을 결코 받아들일 수 없소!

일본은 국제 연맹을 탈퇴하겠소!

이렇게 해서 일본은 고립의 길을 걷게 된다.

1932년 5월에는 만주국 승인과 상하이 출병에 소극적이었던 '이누카이 쓰요시' 총리가

대화를 하면 이해할 수 있을 걸세.

마쓰오카 요스케
일본 수석전권

지금은 일본과 타협해 침략을 늦추고

그 사이에 국력을 다져 국내를 통일할 때다!

장제스의 국민정부는 공산당과 전투를 벌이면서도, 경제 발전과 국력 강화 정책을 펼쳐 성과를 거뒀다.

국내 산업이 보호를 받겠네.

저렴한 편이 좋지

같은 기능이면

외국 제품에 관세가 붙으면 국산품도 잘 팔릴 거야.

중국산 100위안

외국산 100위안 + 세금

먼저, 불평등 조약 중에서 가장 불평등한 저율 관세의 강제를 타파하기 위해, '관세 자주권' 회복을 목표로 했다.

수입 세금은 스스로 정해도 됩니다.

야호!

그 후, 관세가 수입에서 큰 부분을 차지하게 되면서 국민정부의 재정은 차츰 안정되어 갔다.

세금 부과할게

어쩔수없군…

국민정부는 1928년부터 미국, 영국과 교섭을 시작했고, 1930년에 일본과 체결한 관세 협정을 끝으로, 관세 자주권을 완전히 회복한다.

1935년경부터는 허베이, 산둥, 산시, 차하르, 쑤이위안을 포함한 화베이 지역을 손에 넣기 위해 군사를 움직이고 있었다. 이를 '화북 분리공작'이라고 한다.

일본은 만주만에 만족하지 않았고, 석탄이나 철광석, 다양한 자원들을 다른 지역에서도 획득하고 싶어했다.

만주

화베이

차하르

쑤이위안

허베이

산시

산둥

화베이도 일본의 영향 아래 두고

일체화된 개발을 목표로 하자!

문제는 일본 이네.

먼저, 공산당이 내전의 중단과 항일 투쟁에 대한 협력을 호소하는 '8·1선언'을 발표한다.

공산당은 그 정부 아래 일치단결해 항일 투쟁에 나설 것을 약속드립니다!

왕밍
중국공산당 대표단

전국의 동포, 정당 군대는 공동으로 국방 정부를 만들어 일본에 저항해야 합니다!

1935년 8월 1일 모스크바 코민테른 제7회 대회

이 사실이 드러나자, '항일'의 움직임이 중화민국 전역으로 퍼져나간다.

구국항일

※ 훗날 1949년, 중화인민공화국 성립 시에 국가로 제정됨

이대로라면 중화민국은 일본의 손에 넘어가게 될 걸세….

그 무렵 시안에서는

장쉐량은 공산당 토벌을 망설이고 있어.

시안에 도착하면 독려해 줘야겠군.

철컹

덜컹

철컹

일본군은 부친이신 장쭤린 장군의 적이었으니 말입니다.

이해합니다, 장쉐량 사령관.

그럼에도 장제스 위원장을 따른 이유는

중화민국 국민 간의 대립은 일본이 바라는 일이기 때문이네.

장제스는 아버지의 숙적 이었네….

양후청
제17로(서북)군 총사령관

장쉐량
동북군 총사령관

일치단결 해서 일본에 맞서도록

지금 당장 공산당과의 싸움을 멈추고

장제스 위원장은 왜 공산당에 대한 앙금을 버리지 못하고 있는가!

공산당 측은 항일운동에 집중하자며 내전 중단을 촉구하고 있는데…

장제스 위원장을 설득해야 해!

장제스 위원장이 구속 됐다고?

뭐?

이 사건은 중화민국 안팎에 큰 충격을 줬다.

1936년 12월 12일, 시안 사건이 벌어진다. 장쉐량과 양후청이 시안에 도착한 장제스를 습격한 것이다. 장제스는 뒷산으로 달아났으나, 이내 발각돼 구속된다.

명령에 따라 구속하겠 습니다.

으…

토벌이 시작되면 장제스 행정원 원장*은 죽음을 당하고 말걸세!

※ 이때 장제스는 군사위원회 위원장과 행정원 원장을 겸하고 있었음

기다리 시오!

군사를 보내 토벌합 시다!

장쉐량을 용서할 수 없소!

국민정부 측에서는

어떻게 해서든지 무사히 해방 시킵시다.

조정에는 저희가 가겠습니다.

쑹쯔원
쑹메이링의 오빠이자 국민정부의 요직을 담당

쑹메이링
장제스의 부인

스탈린 서기장으로부터 전보가 와 있소.

잠깐 기다리게.

옌안 공산당본부

한편 공산당 측에서는

장제스를 없앨 수 있는 좋은 기회입니다.

베이징시
천안문
완핑현성
융딩캉
루거우 차오

착 착 앞 으로 가!

한편, 이에 위기감을 느낀 일본은 우발적인 사건으로 인해 중국과의 전투에 본격적으로 뛰어든다.

일본군은 야간 훈련 중인가?

1937년 7월 7일

즉시 점호를 실시 하라.

앗, 이건… 총성?

탕 탕

늦은 밤, 10시 40분

일본은 중화민국 측에 행방불명자 수색을 허가해 달라 요청했고, 일본군 제3대대 5백 명을 투입해 실종된 이등병을 찾기 시작했다.

다음날 7월 8일 오전 1시

'시무라' 이등병이 보이지 않습니다.

보고 드립 니다.

무슨 일이 일어난 건지도 몰라 ….

대대에 보고해 두겠다.

하지만, 이 소식은 수색 중이던 제3대대에 전달되지 않았다.

그러나 시무라 이등병은 덤불 속을 헤매고 있던 것뿐이었고, 무사히 부대로 복귀했다.

중화민국의 대처에도 불구하고, 일본군은 각지에서 충돌을 일으켰다. 전투가 점점 확대되고 있었다.

모든 것은 일본의 태도에 달려 있다!

우리는 어디까지나 평화적인 해결을 추구할 것이다.

1937년부터 8년간 이어진 중일 전쟁의 서막이었다.

콰

쾅

중화민국이 민족 국가가 되는 것을 인정하고, 지원해야 합니다.

하지만 그중에는 전쟁에 반대하는 사람도 있었다.

승리해서 자원을 빼앗으면 경기가 좋아질 거야!

전쟁 만세!

일본의 여론은 전쟁을 지지했다.

청일 전쟁과 러일 전쟁의 희생을 헛되이 만들겠다는 것인가?

학자의 실없는 소리에 불과하다!

그것이야말로 아시아의 평화를 모색하는 길입니다. 일본이 독단적인 정책을 강행한다면, 그 화는 먼 미래에도 영향을 줄 것입니다.

THE CENTRAL REVIEW
중앙공론
9월 호

야나이하라 다다오
도쿄제국대학 교수

관계의 개선을 생각하는 지식인도 있었으나…

이제와서 할수 있을것 같으냐!!

군부를 누르기란 쉽지 않아…

그 후
1937년
12월,

학문과 사상의 자유가 급속도로 움츠러들었다.

그는 결국 대학을 떠나게 된다.

학교 측은 전쟁 비판 논문을 발표했다는 이유로 야나이하라 교수를 압박했고,

이에 맞서 중화민국은 격렬하게 저항한다.

콱

상하이에서 수도인 난징을 향해 증원부대 병력을 전진시켰다.

일본군은 단기간에 베이징, 텐진, 칭다오를 점령했고

베이징
텐진
칭다오
난징 ← 상하이

충칭 ← 난징

우한

물러서지 마라!

장제스는 수도를 난징에서 우한으로, 우한에서 다시 충칭으로 옮기며 전투를 계속했다.

연안의 도시부는 점령 당했다!

수도를 내륙으로 옮긴다!

12월에는 일본군이 국민정부의 본거지가 있던 난징을 점령했다.

우리가 중화민국을 지배할 날이 가까워지고 있군.

마침내 난징까지 함락했다!

난징 일본군 주둔지

이 사건은 국제적 비난을 받았지만, 정작 일본에는 보도되지 않았다.

이때, 일본군이 수많은 민간인과 포로를 살해하는 '난징 대학살'※이 일어난다.

※ 혼란스러운 상황이었기 때문에 정확한 피해자 수의 파악은 어려우나, 최근의 다양한 조사나 연구에서는 수만~수십만 명이었을 것으로 추정됨

세계 여러 나라에 보도됐다.

이 사건은 현지에 있던 유럽 언론의 기사를 통해

이 같은 야만적인 행위는 국제 사회에 알려야 해.

세상에 이런 끔찍한….

여성과 아이까지 무참히 죽이다니.

난징
피난민 수용시설

당시에는 독일이 중재한 트라우트만 평화공작도 추진되고 있었지만,

만주를 나라로 인정하고, 중화민국 북부는 일본과 만주, 중화민국 세 나라가 관리하고, 배상금을 내게 하고, 또…

화베이는 중화민국에 남길테니 항일은 중단해 주시오!

그런 요구는 수용 가능할 리가 없잖아!

일본이 중국에 엄격한 조건을 요구한 탓에 난항을 겪었다.

장제스

히로타 고키
일본 외무대신

트라우트만
중국 주재 독일 대사

위력을 보이면 금세 굴복할 것이라는 일본의 예상을 뒤엎고 끈질기게 저항했다.

타타타

중화민국은 국민당과 공산당이 협력해 항일 민족 통일 전선을 다졌으며

1938년 1월 일본은 중화민국과의 평화 교섭을 중단한다는 성명을 발표했다.

앞으로 중화민국 국민정부를 상대하지 않겠다!

일본 정부는 중화민국이 평화안에 응하지 않는 것을 이유로 삼아

고노에 후미마로
일본 수상

중화민국과 한께 발전해 나가자는 말입니다!

● 일본은 동아시아의 새로운 질서 확립을 목표로 하되, 여기에 중화민국 국민정부가 참여하는 것을 거부하지 않는다.

● 대립을 중단하고 함께 공산주의에 맞서 협력하며 경제를 발전시켜 나간다.

그렇다면, 성명을 고쳐 중화민국에 이렇게 제안합시다!

중국이 예상보다 끈질깁니다. 이 상태라면 평화로 가는 길은 불투명합니다.

전투기와 조종사를 보내 중화민국을 지원하라! 일본을 견제한다!

소련을 비롯한 여러 나라도 중화민국을 지원했다.

스탈린
소련 최고 지도자

그런 내용을 국제 사회가 인정할 리 없다!

설마 우리가 응할 것이라 생각하는 건가!

중국에 대한 국제적인 지원이 약화될지도 모르겠군.

독일이 유럽을 석권하고 있습니다.

1939년 9월 유럽에서 제2차 세계대전이 발발하자

일본은 1940년 9월에 체결된 '독일·이탈리아·일본 삼국동맹'을 근거로 들며 이미 다른 나라의 식민지였던 동남아시아로 군사를 보냈다.

남방에는 석유와 고무 자원이 있다고!

늦기 전에 동남아로 진출하자!

침략을 받고 있는 여러 나라에 무기를 지원하는 것은

우리를 지키기 위함이기도 하다!

루스벨트
미국 대통령

싱가포르를 일본에 넘길 수는 없다!

처칠
영국 수상

영국은 싱가포르를 아시아의 군사 거점으로 삼고 있었다.

일본은
국제 사회에서
철저하게
고립되어갔다.

빨리빨리
걷지
못 해!

픽

뭘
꾸물
거려!

큰 희생을
치르고
중화민국을
점령했지만…

일본은 물론
독일과의
동맹도
맺을 수 있다!

일본이
우리
중화민국
에서
철수
한다면,

처참한
모습이군
….

충칭

말도
안 되는
소리!

일본과
중국을
하나로
만든다고
…?

일본은 고압적인 통치를
실시했기 때문에
점령지의 민중으로부터
협력을 얻지 못했다.

1929년 10월 이후,
세계가 대공황에 빠지자
영토나 자원이 부족한 나라들은
전체주의와 파시즘을 도입해
위기를 극복하려는
움직임을 보였다.

독일

그런 가운데,
독일에서도
큰 변화의
물결이 일었다.

히틀러

제 ② 장 전체주의의 대두

1933년 1월
히틀러가 독일 수상에
취임했다.

지금까지
정부는
다른 나라가
시키는 대로
하면서

우리에게
큰 부담을
떠넘겨
왔습니다!

다음 해
2월

하지만,
독일 민족
동포
제군이여!

세계적인
불황으로
기업과 은행은
도산했고,
거리에는 실업자가
넘쳐났으며

국민의 삶이
밑바닥까지
떨어졌던
시기.

'히틀러'가
이끌던
'나치'※당은
정권을 잡는다.

※'국가사회주의 독일노동자당'을 지칭함. 다만, '나치'라는
이름은 반대 세력이 경멸의 뜻을 담아 붙인 이름

언제쯤 다시 회복되는 거냐고!

이 나라는 이제 어떻게 되는 걸까….

미국 자본에 의존하던 독일은 세계 공황의 타격을 그대로 받아 다시 심각한 불황에 빠졌다.

이놈의 대공황 때문에 또 밑바닥 생활이야….

이윽고, 도스 플랜[*1] 으로 경제가 안정되는 것처럼 보였으나,

물가가 계속 하락하는군 일자리도 없어졌어…

※1 독일의 배상문제를 해결하기 위해 미국의 은행가 도스가 제안한 안으로, 1924년에 채택됨

히틀러는 독일 국민에게 불안을 교묘하게 부추겨 선거에서 높은 득표를 얻었다.

베르사유 조약은 잘못 됐습니다!

독일만 다른 나라에 짓밟혀도 된다는 논리는 부당합니다!

자위의 권리는 평등해야 합니다!

히틀러의 정책 중에서 가장 특징적인 것은 반유대주의였다.

유대인들은 독자적인 신앙을 가지고 있었으며, 학문, 예술, 금융 등의 분야에서 성공한 사람이 많았기 때문에

반감과 차별의 대상이 되는 일이 많았다.

부럽다…

유대인[*2]

※2 원래는 종교적 집단이었으나 19세기 후반부터 인종적 집단으로 여겨지게 됐음

독일인들은
베르사유 조약의 부담과 더불어
세계 공황으로 인한 불황에
고통받고 있었다.
이들에게 민족의 긍지와
인종주의를 내세운 히틀러는
영웅이나 다름없었다.

세계에서
제일가는
독일로
만듭시다!

빼앗긴
영토를
되찾고

히틀러라면
독일에 영광을
되찾아 줄
거야!

히틀러는
영국이나 프랑스가
시키는 대로만
하지 않을 거야!

유대인
따위는
쫓아 내면
된다.

히틀러라면
구렁텅이에
빠진 독일을
되살려
주겠지….

독일 사람들은
히틀러에게 매료됐다.

공산주의자는 국가에 매우 위험한 존재입니다.

대통령 각하.

베를린
대통령 관저

네.

괴벨스.

히틀러는 공산주의자 역시 적대시하고 있었다.

그들을 단속하기 위한 대통령 명령에 서명해 주십시오.

히틀러는 그 점을 최대한 이용했다.

음….

기존의 사회질서를 부정하고 지배자층을 추방하려는 공산주의는 당시 상류계층과 자본가들에게는 불편한 사상이었다.

히틀러의 말대로 하는 것은 내키지 않지만, 공산당이 제멋대로 날뛰게 둘 수도 없지.

힌덴부르크
독일 대통령

부탁하네.

이걸로 놈들을 무너뜨릴 수 있다면!

히틀러도 다루기 나름이지.

네. 차질없이 진행하겠습니다.

히틀러는 공산당원을 비롯한 정치범들을 자유롭게 체포할 수 있게 된다.

국회의사당에 화재가 발생한 다음날, 대통령이 긴급명령권*을 발동했다. 그에 따라, 헌법에 보장된 기본적 인권이 제한을 받았고

※ 독일 바이마르 헌법 48조의 규정. 국가 비상 시에 대통령이 법률을 대신해 명령을 집행할 수 있는 권한

대통령도 잘만 하면 써먹을 수 있겠어.

신체의 자유

언론의 자유

그건 좀…

집회와 통신도 제한한다!

또 히틀러의 심복이었던 '괴링'은
경찰 간부를 나치당의
돌격대원과 친위대원으로 교체해
경찰의 나치화를 추진했고,
사실상 이들의 테러를 합법화했다.

공산당원은 범죄를 일으킬 우려가 있다!

체포 한다!

꽈악

?!

경찰에 붙잡혔다.

이렇게 해서 많은 공산당원들이 나치 돌격대에게 폭행을 당하거나

히죽히죽

나치에 반대하는 사람들을 모두 단속하고 체포하는 바람에 히틀러에게 압도적으로 유리한 선거였지만,

우리 당이 국회 의석의 과반수를 차지하겠다!

방해가 되는 놈들을 제거하자!

히틀러는 더 큰 권력을 갖기 위해 의회를 해산하고 선거에서 지지를 호소했다.

빌어 먹을!

쾅

의석 수는 많이 늘었습니다만…

과반을 얻는 데 실패한다.

국회로부터 권한을 빼앗으면 된다…!

국회가 뜻대로 되지 않는다면

그리고 1933년 3월 23일

'전권 위임법'을 결의한다!

모든 권리를 정부가 가질 수 있도록

법률 제정의 권리를 국회에서 정부로 이관

국회의원으로부터 히틀러에게

정부의 입법은 헌법을 위반해도 무방함

그래서 어쩌라고

헌법 위반이다!!

대통령을 대신해 수상(히틀러)이 법률을 인증함

오늘부터 이 법을 따른다!

바이마르
공화국※ 시절,
여당이기도 했던
사회민주당은
거세게
반발했으나

※ 제1차 세계대전 후에 성립한
독일국의 통칭. 나치 정권
하의 독일과는 구별됨

정녕
독재자가
되겠다는
것인가!

법률을
만드는 곳은
정부가 아닌
국회다!

수상이
'삼권분립'을
부정하는
것인가!

나치당은
사회민주당 이외의
다른 당을
설득해 동의를
받아냈다.

이게 도대체
무슨 일이란
말인가…
독일의
민주주의는
끝났구나…!

이제
독일은
내 뜻대로
만들 수
있겠군.

전권
위임법을
가결한다!

나치당의
일당독재체제가
구축되어 갔다.

그 후,
사회민주당의 활동은
금지되었으며
다른 정당도 모두
해산하거나
나치당에 흡수돼

금지

해산

다른 당

흡수

사회민주당

나치 당원은 유대인이 경영하는 회사의 영업을 방해하거나

유대인 가게를 불매하자!

유대인은 독일에서 나가라!

또, 히틀러는 유대인 배척운동을 실행에 옮겼다.

Deutsche! Wehrt Euch! Kauft nicht bei Juden!

Deutsche! Wehrt Euch! Kauft nicht bei Juden!

Deutsche! Wehrt Euch! Kauft nicht bei Juden!

독일인이여! 스스로를 지켜라! 유대인에게서는 물건을 사지 말라!

가게를 부수고 폭행을 가했다. 이때 일어난 일련의 사건을 통틀어 '4월 유대인 상점 불매 운동'이라고 부른다.

짝

유대인은 불행의 씨앗이다!

와장창

독일이 힘든 건 전부 유대인 때문이야!

커헉!

그만해! 우리가 뭘 했다고 이러는 건가!

그 표시로 유대를 뜻하는 다윗의 별을 그려 두겠어!

여기는 유대인 가게다!

경찰이 유대인을 구할 리가 없지 않은가?

불매 운동은 내가 명령한 것이다.

누구 없어요?

아무런 가치도 없는 존재인 주제에!

시끄러! 유대인 자식아!

누가 좀 도와 주세요!

퍽석

유대인을 향한 박해는 점점 거세진다.

경찰!

경찰은 대체 어디에 있는 거야!

이제야 죽었군.

조금 전 대통령께서….

1934년 8월 2일

독일의 대통령 힌덴부르크가 서거하자.

'총통'이라는 새로운 지위를 만들어 취임한다. 완전한 독재자가 된 것이다.

히틀러는 대통령과 수상의 권한을 모두 가진

총통은 국가와 법 위에 있는 존재이며,

그의 말은 곧 법이나 다름 없었다.

1년 반 만에 실업자가 눈에 띄게 줄었어.

히틀러 총통은 대단해.

총통

독일국가

법률 국회

히틀러는 고속도로 건설과 자동차 제조 등, 군사 관련 산업에 예산을 배정하고 실업자를 고용하도록 했다.

아우토반※1 건설처럼 대규모 공공사업도 펼치고 있고.

진심으로 실업 대책에 힘써 준 덕분이지.

※1 독일의 고속도로

히틀러에 대한 독일 사람들의 지지는 확고해져갔다.

히틀러의 실업자 대책은 금세 효과를 나타냈고 국민의 생활도 안정되고 있었기 때문에

나치당의 인기야 뭐, 하늘을 찌르지.

지금은 입당제한이 걸려 있으니 말이야.

거참, 부럽군.

총통을 계속 지지할 거야!

나는 나치 당원 이니까!

몽땅 독일에서 내쫓아 주겠어!

제3 제국※2을 망치려는 놈들은

정말 인가?

공산 주의자 였나봐….

실은, 내 동료가 게슈타포※1에 체포됐어….

※1 비밀 국가경찰
※2 나치 정권 시절의 독일을 가리킴. 신성 로마 제국, 독일 제국에 이은 제3의 제국이라는 뜻

유대인 인가?

저녀석 들도 함께 말이야.

술집에서 발견하면 흠씬 두들겨 주겠어.

나는 앞으로도 유대인 가게에서 물건을 사지 않을 거야!

총통이 만드신 법률로 놈들을 공직에서 추방하고 있지만, 아직 멀었군.

우리 아리아인※의 피를 더럽히는 열등한 민족 같으니라고.

히틀러는 아리아인이 최고로 뛰어난 인류라고 주장했으며, 특히 독일인(게르만족)은 아리아인 중에서도 가장 우수한 민족이라고 강조했다.

※ 인도 유럽어계 민족

단지 유대인이라는 이유만으로 박해하다니….

그들이 대체 뭘 잘못했다는 거지….

유대인 주제에!

하지만 그런 말을 했다간 나도 곤욕을 치르게 될 뿐이야….

잘못했습니다!

용서해 주십시오!

… 미안하오.

팍

노벨 물리학상을 수상했으며 상대성 이론을 주장한

$E=mc^2$

물리학자 아인슈타인도 망명한 과학자 중 한 명이다.

정신과 의사 프로이트

훗날의 정치가 키신저

경영학자 드러커

철학자 한나 아렌트

히틀러는 예전부터 반유대주의를 내세웠기 때문에

나치 정권이 들어서자 많은 유대인이 망명했다.

훗날 독일을 위협하는 존재가 되기도 했다.

그들은 대부분 미국으로 건너갔고

공민권

공무원이 될 권리   투표할 권리   선거에 입후보할 권리

유대인에게는 안 줄거야!

망명할 재력이나 자신들을 받아줄 만한 곳이 없는 유대인은 도망칠 수도 없었고, 더욱 모진 박해에 시달리게 된다.

1935년 9월에는 유대인으로부터 공민권을 박탈했으며, 독일인과의 결혼 및 교제를 금지하는 「뉘른베르크법」[2]을 제정했다.

※2 같은 해 11월에는 유대인 분류 기준을 규정함. 4명의 조부모 중 3명 이상이 유대교도인 경우는 '완전 유대인'으로 분류함

1932년부터 국제연맹의 주최로 군비축소회의가 열리는 가운데,

히틀러는 재군비(再軍備)에 박차를 가하고 있었다.

1933년 10월 독일에 대한 군축 강제를 불만으로 여기며 국제연맹 탈퇴를 표명했다.

히틀러는 총리에 오르자 민간 항공 사업을 촉진한다는 명목으로 극비리에 공군 창설 준비를 시작했고,

당시 독일은 베르사유 조약에 따라 공군의 보유를 금지당하고 있었으나,

저건 뭐지?

선전기 입니다.

아주 멋지군!

독일은 세계 최강의 공군 국가가 될 것이다!

짝짝

짝짝

그리고 1935년 3월 10일 공군의 존재를 세계에 공표했다.

괴링
독일 공군대신

히틀러가 베르사유 조약을 휴지 조각으로 만들고 있군!

프랑스에서는

딸그랑

이런 멍청한!

플랑댕 프랑스 수상

영국 수상에게 연락을 취하게!

벌떡!

서둘러 독일 포위망을 만들어야 겠어!

설마 또다시 프랑스에 쳐들어올 생각인가?

이는 영국 제국에 큰 위협이 될 것이오!

히틀러는 해군 증강도 추진하고 있소!

프랑스 수상 에게서 온 메시지 입니다.

하지만, 정작 영국에서는

맥도널드 영국 수상

지금은
우리 편으로
두는 것이
좋겠어.

아니지
....

독일의
재군비는
소련을 막아주는
군사적 방패가
될 것이야.

공산주의 국가,
소련을 두려워한 영국은
독일의 재군비를 인정한다.
그 후, 1935년 6월에는
영국 해군 보유 함선의 35%를
독일이 갖는 것으로 인정하는
'영독 해군 협정'을 맺었다.

하지만
나치당은
우리가 했던 일을
우리보다
더 짧은
시간만에
해치웠어.

우리 파시스트당은
정권을 잡은 이후
당에 권력을
집중시키는 데
오랜 세월이
걸렸다.

한편
이탈리아에서는

무솔리니 수상

에티오피아 제국을 쳐라!

지금이야말로 이탈리아의 소원을 실현할 기회다!

히틀러의 행동으로 국제 사회의 질서가 흐트러지고 있다!

1935년 10월

히틀러의 기세를 이용하자.

국제연맹은 이탈리아의 에티오피아 침략에 대해 경제 제재를 가하는 것으로 압력을 줬으나. 효과를 보지는 못했다.

알 게 뭐야!

국제연맹 규약 위반이다!

아프리카 대륙은 대부분 식민지 상태

프랑스령

이탈리아령

영국령

벨기에령

영국 위임통치

포르투갈령

식민지화 되지 않은 에티오피아

과거에 식민지로 만들고자 실패로 끝나고 말았지.

이번엔 기필코 우리 이탈리아의 것으로 만들어 주겠어…!

세계의 이목이 이탈리아의 에티오피아 침략에 쏠려있는 동안에

우리는 우리의 일을 진행하시지요.

이처럼 유럽 국가들이 가진 저마다의 계략을 알게 된 히틀러는

걱정할 필요도 없겠군...

베르사유 조약을 위반해도 독일이 공격당하는 일은 없을 것이라고 생각했다.

나를 두려워하라!

히틀러의 야망과 함께 유럽의 긴장감이 고조되어 갔다…

우리 쪽 움직임을 알아차려도 상관없다.

훗.

오히려 잘 된 일이지.

그러니 내 말을 듣게 될 걸세.

유럽의 겁쟁이 총리들은 자신의 임기 동안만 평화로우면 된다고 생각할 것이다.

독일

라인란트

네덜란드

벨기에

프랑스

라인 강

1936년
히틀러는
드디어

라인란트는 풍부한 지하자원과
라인 강을 통한 물류 운반의 편의성으로
독일의 공업지대로 발전한 도시다.
그러나 베르사유 조약으로 인해
군대의 주둔은 금지되어 있었다.

서부 국경의
라인란트에
군을
배치하라!

로카르노
조약을
파기하고
우리나라를
지키기 위해
군사를
보내야 한다.

이것은 독일을
위협하는
군사동맹이다!

프랑스는
소련과
상호 원조
조약을
체결했다!

하지만 저곳은
로카르노
조약※에 따른
비무장
지역입니다.

네에?

※ 1925년에 체결된 조약으로, 독일과 벨기에, 프랑스 간의 국경선 유지 및 상호 불가침 등을 규정함

섣불리
손을
댈 수
없을
것이다.

프랑스는
지금
총선으로
혼란스러운
상태다.

프랑스와
싸울 만한
힘은
없습니다.

그러나 총통,
우리 독일은
재군비를 갖춘 지
얼마 되지
않았습니다.

로마와 베를린을 잇는 수직선이 세계를 움직이는 중심축이 되어

유럽의 협력과 평화를 실현할 것이니!

앞으로 우리나라는 독일과 연합할 것이오!

나는 결단을 내렸소.

1936년 10월, '베를린-로마 추축'이 성립된다.

그리하여 독일과 이탈리아는 급속도로 가까워졌고

의회 따위 거치지 않고 내가 모두 결정한다!

우리 국민은 위대하다!

무솔리니의 파시스트당이나 히틀러의 나치당 같은 독재정치를 '파시즘'이라고 부른다.

의회제, 민주주의를 부정

파시즘의 주요 특징

극단적인 자민족 중심의 내셔널리즘과 인종주의

확대하겠다!

자국의 권익을 확대하기 위한 타국 침략

이대로 간다면 유럽에서 또다시 전쟁이 일어나고 말 것입니다!

파시즘은 평화를 위협하는 무서운 존재입니다!

한편, 공산주의 진영에서는 파시즘의 위험성을 호소하며 사람들에게 단결을 요구했다.

나라마다 약간의 차이는 있었지만, 파시즘 세력은 당시의 유럽 각지에서 드물지 않게 볼 수 있었으며 공산주의와 크게 대립했다.

1년 전인 1935년 모스크바 코민테른 제7회 대회.

그것은 바로 '인민전선' 입니다!

파시즘에 반대하는 모든 사람이 모여 공동 전선을 펼칩시다!

디미트로프
불가리아의 공산주의자

소련을 중심으로 하는 공산주의자와 의회를 중시하는 사회주의자는 대립을 멈추고 단결해야 합니다!

국제 질서를 파괴하는 파시즘을 무너뜨립 시다!

동지 제군!

스탈린
소련 최고 지도자

인민전선
만세!

인터
내셔널※2
만세!

사회
주의※1
만세!

그렇게 해서
공산주의 세력은
'인민전선'이라는
슬로건 아래
반파시즘 통일전선을
결성했다.

※1 여기서는 공산당 이외의 세력도 포함한 사회주의자 전체의 연대를 호소하기 위해 '사회주의'라는 말을 사용하고 있음
※2 코민테른(Comintern)은 공산주의 인터내셔널(Communist International)의 약칭

파시스트 단체의 활동 금지와
노동 개혁, 금융 제도 개선,
언론·보도·결사·학문·신앙의
자유 보장을 내걸고 싸웁시다!

우리는 파시즘에
굴복하지
않겠습니다!
의회 정치와
민주주의를
지켜냅시다!

사회당의 '블룸'이
공산당 등과 함께
인민전선을 내걸며
선거에서 승리했고,
인민전선 내각을 조직했다.

그러자
프랑스에서는
1936년 6월에

블룸 프랑스 수상

전략 폭격이란, 적이나 적의 거점을 공격하는 '전술 폭격과는 달리,

쾅

엄마!

살려 줘!

독일 공군이 전략 폭격의 성능을 시험하기 위해 실시했다고 여겨지고 있다.

쾅

시가지에 무차별 폭격을 가해 시민들에게 공포심을 심어 주는 공격법을 의미한다.

이런 극악무도한 행위는 절대 용납할 수 없어!

프랑스 파리

시민을 향한 무차별 폭격…!

파블로 피카소

Mille bombes inc...res

히틀러와 무솔리니가 동원한 항공대

lancées par les avions

1천 발의 폭탄으로 시가지 초토화

de Hitler et de Mussolini

〈게르니카〉다.

20 세기를 대표하는 예술가인 '파블로 피카소'가 나치의 무차별 폭격에 분노해 그린 대작이 바로

동서 양쪽에서 파시즘을 꼼짝도 할 수 없게 하자!

스페인을 반 파시즘의 거점으로 삼고

그리고 이러한 국제의용군을 적극적으로 조직한 나라가 소련이었다.

프랑코와 싸우는 인민전선 정부를 지원하기 위해 여러 나라에서 국제의용군이 파견되었다.

영국

독일

도와줘~

프랑스

미국

지금 갈게!

소련

스페인

스탈린

또, '헤밍웨이'※와 '조지 오웰'을 비롯한 소설가들이 국제의용군에 합류했고

탕

탕

파시스트가 마음대로 하도록 두지 않겠어.

이 전쟁의 진실을 전하겠다…

헤밍웨이

이들은 후에 내전을 그린 작품을 발표했다.

L'ESPOIR

『희망』 (앙드레 말로)

『누구를 위하여 종은울리나』 (헤밍웨이)

FOR WHOM THE BELL TOLLS

Ernest Hemingway

HOMAGE TO CATALONIA GEORGE ORWELL

『카탈로니아 찬가』 (조지 오웰)

※ 헤밍웨이는 종군 기자로 활약함

코민테른이 인민전선을 지원한다면, 우리는 '방공협정' 으로 대응한다.

중국 대륙에서 영토를 확대 중인 일본을 잘만 이용하면, 소련을 견제할 수 있겠어.

리벤트로프
특명전권대사

이럴 때일수록 국제연맹을 탈퇴한 나라끼리 연대해야 해. 그래야 소련의 위협을 억제할 수 있어.

우리나라는 만주사변 이후, 국제 사회로부터 고립되어 있었다.

무샤노코지 긴토모
주독일 일본 대사

나치 독일은 같은 독일 민족의 나라인 오스트리아로 진군한다. 오스트리아 병합을 이행한 것이다.

그리고 1938년

독일

오스트리아

여기에 이탈리아까지 가세해 이듬해인 1937년에는 '독·일·이 삼국 방공협정'으로 발전한다.

이탈리아   독일   일본

히틀러는 군중의 환호성과 함께 수도 '빈'에 입성할 수 있었다.

오스트리아 국민의 대다수는 독일에 의한 병합을 바라고 있었기 때문에

오스트리아로 돌아오는 날이 오다니*···.

내가 태어난 고향인

※ 히틀러는 오스트리아에서 태어나 자랐으며, 제1차 세계대전 발발 이전인 1913년에 독일로 이주함

독일

○ 베를린

주데텐란트

○ 프라하

체코슬로바키아

체코슬로바키아의 국경지대인 주데텐란트 지방이었다.

빈○

오스트리아

오스트리아를 병합한 나치 독일의 다음 목표는

오스트리아는 독일 민족을 지키는 동방의 보루가 될 것입니다!

와아아

위대한 독일을 위해 함께 나아갑시다!

113

주데텐란트의
독일 민족은
체코슬로바키아
정부로부터
박해를 받고
있습니다!

주데텐란트는 주로
독일 민족이
거주하던
지역이었다.

이는
독일 민족의
주권을
되찾기 위한
'최후의
영토적 요구'
입니다.

우리의
민족 동포를
구하기 위해서는
군대 동원도
불사하겠습니다!

히틀러는
전쟁을
바라고 있었다.

그렇다…

하지만

아니
되오!

전쟁으로
발전할 것이
분명해
보였다.

외국인
체코
슬로바키아의
영토를
빼앗으려
한다면

같은
독일 민족의
나라인
오스트리아는
피 한 방울
흘리지 않고
병합할 수
있었지만

독일

오면
전쟁
이다!

오스트리아

체코슬로바키아

이처럼 영국은 전쟁을 막기 위해 나치 독일에 양보하기를 거듭했다. 이것을 '유화 정책' 이라고 부른다.

유럽의 평화는 유지될 것이오.

그 덕에 전쟁은 피하게 됐소.

이… 이럴 수가….

우리 소련과 전쟁을 하게 만들어서 파시즘과 공산주의를 모두 박살낼 작정인 게지!

유화 정책으로 독일을 끌어들이고

그렇다면 외교 전략을 다시 짤 필요가 있겠군….

이러면 히틀러의 의도대로 되고 만다고!

영국 놈들!

반면, 소련에서는

쿵

스탈린

전쟁의 위기를 고조시켜 나갔다.

유럽에서는 민주주의 국가, 파시즘 국가, 공산주의 국가가 서로를 의심하며

독일 국민 사이에서는 '총통이 하는 일은 뭐든지 잘 된다'는 의식이 싹트게 된다..

국제 사회의 동의 아래, 피 한 방울 흘리지 않고 독일의 영토는 확대되어만 갔다.

독일은 뮌헨 회담 후 주데테란트 지방으로 진군했다.

때려 부숴 버려!

유대인은 독일에서 나가라!

살려 줘!

그런 가운데, 1938년 11월 9일 독일 전역에서 유대인이 대규모로 습격을 당하는 '수정의 밤'※ 사건이 발생한다.

※ '수정의 밤'이라는 이름을 누가 지었는지는 알 수 없으나, 현재 독일에서는 미화된 명칭이라는 이유로 꺼리는 경향이 있음

이 사태가 벌어지자 체코슬로바키아의 대통령 '에밀 하하'는 서둘러 베를린의 히틀러를 찾아갔다.

우리 나라를… 어떻게 할 셈인가…?

에밀 하하
체코슬로바키아 대통령

체코 지역은 독일에 병합하고

슬로바키아 지역은 독일의 보호국 으로 삼는다.

죽으면 병합 수락문에 서명할 수 없으니 말이야.

그… 그런 …! 으윽 …!

찌 릿

흔들어 깨우게.

심장질환을 앓았던 것 같습니다.

뮌헨에서의 노력은 허사였단 말인가!

뭐? 독일이 체코를 병합했다고?

체임벌린

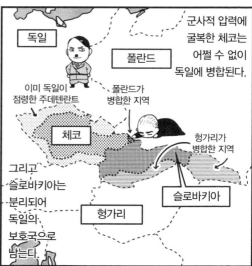

군사적 압력에 굴복한 체코는 어쩔 수 없이 독일에 병합된다.

독일

폴란드

이미 독일이 점령한 주데텐란트

폴란드가 병합한 지역

헝가리가 병합한 지역

체코

슬로바키아

그리고 슬로바키아는 분리되어 독일의 보호국으로 남는다.

헝가리

전쟁은 피할 수 없는 것인가…

부우웅

부우웅

유화 정책으로는 독일을 막을 수 없겠군.

122

제3장 제2차 세계대전

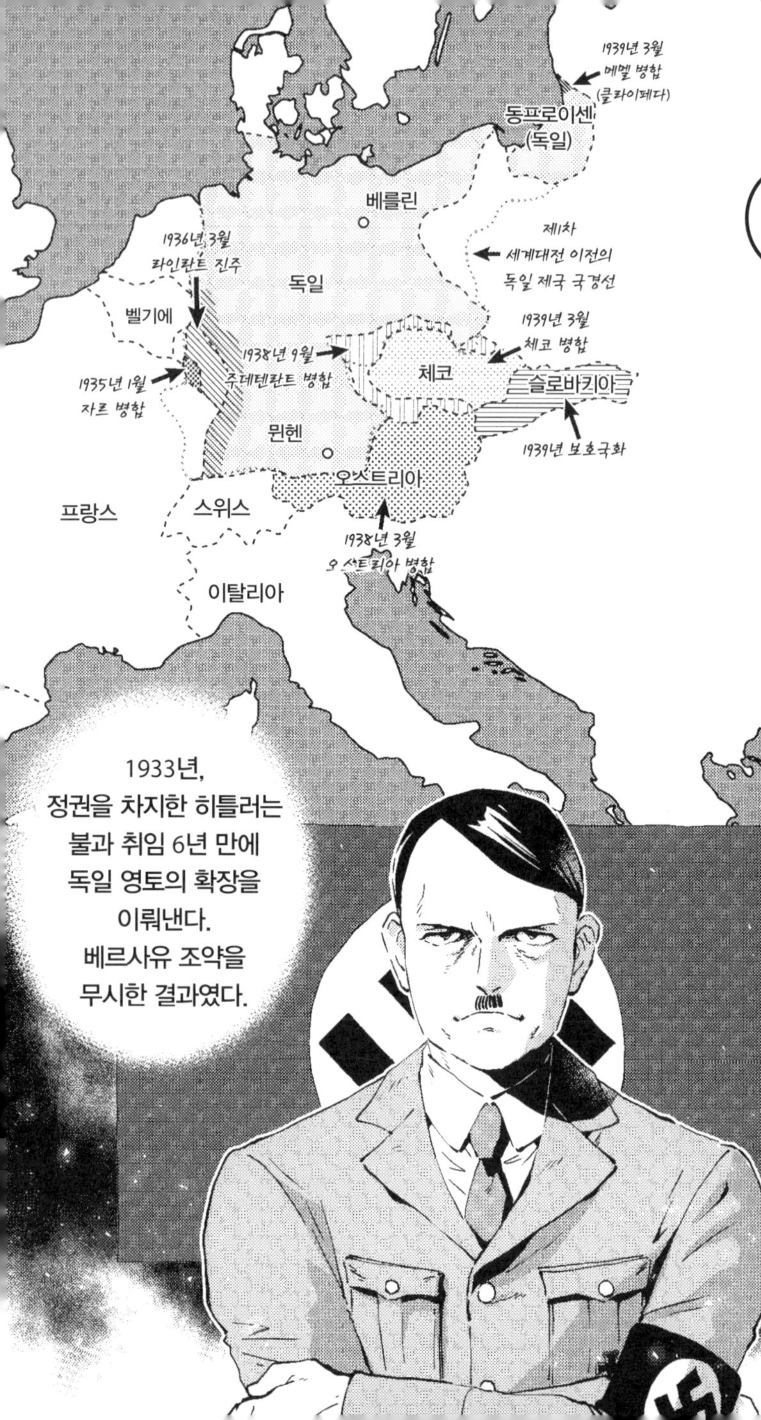
1939년 3월
메멜 병합
(클라이페다)
동프로이센
(독일)
베를린
제1차
세계대전 이전의
독일 제국 국경선
1936년 3월
라인란트 진주
독일
벨기에
1939년 3월
체코 병합
1938년 9월
주데텐란트 병합
체코
슬로바키아
1935년 1월
자르 병합
뮌헨
1939년 보호국화
오스트리아
프랑스
스위스
1938년 3월
오스트리아 병합
이탈리아
1933년,
정권을 차지한 히틀러는
불과 취임 6년 만에
독일 영토의 확장을
이뤄낸다.
베르사유 조약을
무시한 결과였다.

체코를 점령한
나치 독일은
다음 목표를
폴란드로 정했다.

독일

동프로이센

이 영토를
되찾는 것은
독일인의
염원이었다.

폴란드

베르사유 조약으로
독일이 가장 많은
영토를 빼앗긴 곳이
폴란드였고,

제1차 세계대전에서
독일이 잃은 영토

히틀러는 드디어
그것을 실행하려
하고 있었다.

폴란드를 침공하려면 프랑스나 영국과 전쟁을 각오해야 한다.

그렇게 말하고 싶은 게로군?

영국의 체임벌린 수상은 전력을 다해 폴란드를 지키겠다는 연설을….

지난 1차 세계대전 때는 동서 양쪽에 있는 적과 동시에 싸우려다 실패했지.

폴란드는 석 달… 아니, 두 달 만에 신속하게 함락시킨다.

그 후, 모든 전력을 서쪽으로 집중시켜 프랑스와 영국을 때려눕힌다!

다음은 여기다!

두 달 만에 제압하는 것은 불가능합니다. 폴란드의 영토는 넓습니다!

설령 이긴다 해도 소련이 쳐들어올 것입니다!

과연 그럴까?

히틀러는 모스크바에 특사를 파견했다.

우리 소련은 결코 동맹국을 배신하지 않을 것이오.

지금은 반파시즘의 대의보다는 국가의 안전을 우선시하자.

만약 독일이 영국, 프랑스와 손을 잡았다면 폴란드는 물론이고 소련까지 공격당할 뻔했군.

스탈린 녀석과 동맹을 맺는 것은 지금뿐이다.

프랑스와 영국을 해치우는 대로

이로써 공산주의자들은 무해한 존재가 되었군.

소련도 독일이 차지하겠어.

영국

소련

독일

프랑스

스탈린이 히틀러와 손을 잡았다고?

공산주의를 '적대시한' 나치와 반파시즘 '인민전선' 노선인 소련 사이의 불가침조약 체결 소식은 국제 사회에 큰 충격을 안겨줬다.

호외요?

이제 전쟁은 피할 수 없겠군….

독일은 폴란드를 겨냥해 오겠지.

기존의 유화 정책에서 강경 정책으로 대독 노선을 전환한 영국은 독일을 견제하기 위해 곧바로 폴란드와 상호 원조 조약을 맺었고, 프랑스도 여기에 가세한다.

체임벌린
영국 수상

폴란드회랑

발트해

동프로이센 (독일)

독일

폴란드

폴란드에는 발트해로 가는 '폴란드회랑'이라는 길이 있었다. 과거, 독일로부터 할양받은 영토였다. 독일은 폴란드에 이 회랑을 통과하는 철도와 도로의 설치를 요구했으나 거부당했다.

알겠다!

영국

독일

지원을 요청한다!

폴란드

소련

프랑스

이 조약은 체결국이 다른 나라로부터 공격받았을 경우에 지원, 원조한다는 내용을 담고 있었다.

독일이 소련과 손을 잡았다고?

이런 터무니 없는!

한편 일본에서는

수상 관저

히라누마 기이치로
일본 수상

소련을 동서 양쪽에서 공격해 공산주의를 봉쇄하자!

독일, 이탈리아와는 방공협정을 맺은 상태니까.

일본

독일

소련

이탈리아

일본은 당시 만주국의 국경지대에서 '노몬한 사건'을 벌이며 소련과의 대규모 군사 충돌을 빚고 있었다.

만약 다른 녀석들이 싸움을 걸어와도 중립은 지키겠어.

우리는 이제 싸우지 말자!

뭐?

유럽 천지가 복잡 괴기하여....

히라누마 내각 오늘 아침 총사직

독일과 군사동맹을 맺어 소련과의 전쟁을 유리하게 끌고 가려던 일본의 전략이 완전히 막히고 만 것이다.

전세 역전 이다.

으아 아아!

같은 해 8월 28일, 히라누마 내각은 총사직했다.
독·소 불가침 조약은 그 정도로 큰 의미를 지닌 것이었다.

131

133

폴란드 침공이
일어나자,
영국과 프랑스는
독일에
선전포고를 했다.

이로써
제2차 세계대전이
발발하게 된다.

평화를 향한
모든 노력이
수포로 돌아가
한스럽기
그지없습니다
….

오늘부로
우리 영국은
독일과의
전쟁을
시작합니다!

체임벌린

말로만
그럴 뿐
전혀 군사를
움직이지 않고
있습니다.

영국과
프랑스는
어떻게
움직이고
있나?

그러나 폴란드 침공 시,
아직 군비가 갖춰지지 않은
영국군과 프랑스군은
독일과의 전투에
참여하려고 하지 않았다.

침공 한 달여 만에 폴란드의 수도, 바르샤바가 함락되었고, 폴란드 서부는 독일에 점령당한다.

이렇게 해서 폴란드는 독일과 소련에 의해 동서로 분열된다.

동프로이센

우리 군도 폴란드를 침공한다!

소련 역시 독·소 불가침조약의 비밀 협정에 따라 동쪽에서 폴란드를 향해 출격했다.

독일

폴란드

소련

여기는 너희가 살 곳이 아니다!

꾸물대지 말고 걸어! 이 지저분한 유대인놈들.

빨리 나와!

독일이 점령한 지역에서는 폴란드에 거주하던 유대인이 나치의 지배를 받게 된다.

게토에는 음식이 충분하지 않았고, 사람들은 굶주림과 역병으로 쇠약해져만 갔다.

엄마, 엄마!

유대인들은 1940년 말부터 폴란드 각지에 설치된 유대인 거주지, '게토'로 강제 이주를 당한다. 그러나 말뿐인 거주지였고, 사방이 벽으로 둘러싸인 공간이었다.

영토의 일부를 획득했고, 발트 3국까지 병합했다.

핀란드

에스토니아

라트비아

리투아니아

(발트 3국)

폴란드

쾅

한편, 소련은 폴란드를 침공한 후, 핀란드에도 쳐들어가

EHSV

에스토니아 소비에트 사회주의 공화국

LPSR

라트비아 소비에트 사회주의 공화국

LIETUVOS TSR

리투아니아 소비에트 사회주의 공화국

소련 정부의 직접적인 지배를 받기 시작한다.

발트 3국에는 각각 공산당이 결성되었고,

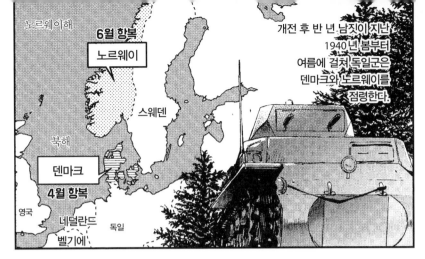

노르웨이해

6월 항복

노르웨이

스웨덴

북해

덴마크

4월 항복

영국

네덜란드

벨기에

독일

개전 후 반 년 남짓이 지난 1940년 봄부터 여름에 걸쳐 독일군은 덴마크와 노르웨이를 점령한다.

그러나 노르웨이 침공 도중

노르웨이해에서 독일군과 영국군의 본격적인 해전이 벌어졌다.
그 결과, 독일군의 구축함대※가 전멸했으며 독일은 개전 이래 처음으로 패배를 맛본다.

※ 원래는 어뢰를 주무기로 삼아 고속으로 적함을 습격하는 것을 주임무로 한 군함

같은 해 5월 독일은 선전포고 없이 네덜란드와 벨기에, 룩셈부르크를 침공했고

네덜란드

벨기에

룩셈부르크

짧은 시간에 점령에 성공한다.

그렇게 히틀러는 영국, 프랑스와의 본격적인 전쟁에 돌입하게 된다.

제법이군. 하지만 지금부터가 진짜야!

영국

런던

도버 해협

덩케르트

파리

프랑스

아르덴

여기,
아르덴 숲을
빠져나가는
루트가
있습니다.

그 다음, 영국군과
프랑스군을
도버 해협으로
몰아 전멸시키면
됩니다.

일부러
결전을 벌일
필요가
있겠습니까.

프랑스군이
집중적으로
배치된
국경지대에서

만슈타인
독일 국방군 참모장

네,
가능
합니다.

저 깊은 숲을
전차 부대로
통과한다는
말인가?

전차 부대와
항공 부대를
전략적으로
움직이며
진군하면
이 작전은
반드시
성공합니다!

폴란드
진군의
경험이 있지
않습니까.
우리 군은
기동력을 살린
전격전에
탁월합니다.

독일의 전차 부대 앞에 영국군과 프랑스군은 패배해 달아났다.

덜 덜 덜 덜

덜 덜 덜 덜

아르덴 숲의 그 좁고 구불구불한 길을 전차 대군으로 돌파했단 말인가?

뭐?

큰일 났습니다! 독일군이 아르덴 숲을 …!

프랑스

궁지에 몰린 영국 병사들은 결국 목숨을 걸고 철수할 수밖에 없었다.

한 명이라도 더 살려서 영국으로 돌아간다!

전차와 탄약을 전부 버려도 좋다!

도버 해협 덩케르크

빨리 타라!

쾅

으아악!

처칠※
영국 수상

※ 1940년 5월, 영국에서는 독일에 대해 철저한 항전을 외치는 처칠이 수상 자리에 오름

우리 독일이 프랑스와 휴전 협정을 맺기에 더할 나위 없는 장소 말이야.

마침 좋은 장소가 있지.

한편, 프랑스군도 패배를 거듭하다 결국 6월 14일, 파리를 함락당하고 만다.

프랑스군이 항복을 제안했다고?

독일은 과거 제1차 세계대전에서 패했을 때, 프랑스의 '콩피에뉴' 숲에 놓인 열차의 객차 안에서 굴욕적인 휴전 협정에 서명한 적이 있었다.

히틀러는 박물관에 전시되어 있던 그 차량을 일부러 당시와 똑같은 위치에 옮기게 했고,

휴전 협정이 진행되는 모습을 바라봤다.

그때 프랑스 장군이 앉았던 의자에 앉아

뜻이 있는 프랑스인 이여, 무기를 들고 싸우자!

독일인에게 넘겨줄 프랑스의 영토는 없다!

나는 프랑스인의 명예를 위해 런던으로 건너왔다!

한편, 프랑스의 '항전파'는 런던으로 망명한다. 그곳에서 드골 장군을 중심으로 '자유 프랑스' 정부를 수립했고, 해외에서 독일 지배에 대한 저항을 호소했다.

샤를 드골
프랑스 장군

드골 장군을 따르자!

와아아

나치에 굴복 해서야 되겠는가!

이러한 호소에 부응한 프랑스 일부 시민들이 모여 무장을 했고, '레지스탕스'라는 독일 저항 운동을 전개한다.

우리나라는 전쟁에 반대였지만

독일이 파리를 점령하기 직전의 이탈리아

동맹국인 독일이 이만한 승리를 거두었으니, 독일 측에 참전하지!

무솔리니
이탈리아 수상

독일의 유럽 제패는 방공협정을 맺고도 중립을 취하고 있던 이탈리아와 일본까지 움직이게 만들었다.

1940년 6월, 이탈리아도 영국과 프랑스에 선전포고 후 참전한다.

발칸 반도

북아프리카

발칸 반도와 북아프리카를 지배해 '신 로마 제국'을 실현하자!

더불어, 중국을 돕는 미국과 영국도 견제할 수 있소.

독일과 군사동맹을 맺어 유럽 국가의 아시아 식민지를 손에 넣는다면 자원을 얻을 수 있을 것이고,

중국과의 전쟁이 길어지면서 자원 확보가 어려워졌지만

독일의 기세는 무섭소.

그리고 일본도

고노에 후미마로

그리하여 1940년 9월,
독·이·일 삼국동맹이
체결된다.

이탈리아는 발칸 반도와
북아프리카 침공을,
일본은 아시아에서의 영토 확장과
미국·영국에 대한 견제를 노리고
독일의 손을 잡았다.

영국은
상륙 작전을
내비치면

싸우지
않고
굴복
하겠지.

독일군의 위력이
자신들의 예상을 뛰어넘자,
히틀러는 자신감을 더해갔다.

영국군은 최첨단 레이더로 분석한 정보를 가지고 독일 공군을 요격했다.

1940년 7월 10일, 독일은 도버 해협 부근에서 공중전을 시작한다. 영국, 본토에 대한 본격적인 폭격이었다.

수적으로는 독일군이 더 우세했으나,

탕 탕

탕 탕

두 두

두

더불어, 공중전으로 끌고 들어가 독일군을 격퇴하기도 했다.

이 치열했던 공중전을 '배틀 오브 브리튼'이라고 부른다.

또 전멸
했다고
…?

괴링,
이 무능한
놈!
이게 무슨
일이냐!

이제 그만!
영국
상륙 작전은
중지다!

그렇게 당초
9월로
예정되어 있던
영국 본토 상륙은
무기한 연기된다.

이후에도
독일군의 공습은
계속되었으나,

영국 국민은
온 힘을 다해 견뎌냈다.

Victory의
V입니다!

V
사인!

처칠
수상 님!
한 말씀
부탁
드립니다!

조국을
지켜냈다!
영국 만세!

참전하자는 대통령과 고립주의를 표방하며 참전에 반대하는 의회가 대립했으나, 여론은 참전 쪽으로 기울어져갔다.

그리고 3월 의회에서
'무기 대여법'이
가결되면서
독일과 전쟁 중인 영국,
일본과 전쟁 중인 중국에
무기를 유·무상으로
제공할 수 있게 되었다.

식량

수송기

전차

수송차

등등…

저는 미국이
세계의 자유,
그리고 민주주의의
옹호자가
되어야 한다고
생각합니다!

이렇게 미국은
고립주의를
철회하기에 이른다.

반격의
신호탄이
오른
거야!

이제 우리는
승리에 크게
한 발짝
다가섰다!

미국이
우리
편에
섰어.

미국이 참전 의지를 밝히면서
영국은 빠르게
미국과의 결속을 다져나갔다.

이탈리아는 선전포고 후, 식민지인 리비아를 거점으로 북아프리카로의 영토 확장을 노렸다. 그러나 영국군에 가로막혀 고전했다.

한편, 독일과 이탈리아는 전선을 확대하고 있었다.

방해 하지 마!

더 이상 멋대로 하게 놔두지 않겠어!

그러자 독일은 다시 지원군을 보냈고, 그 결과 이탈리아는 그리스 영토를 획득한다.

또한, 이탈리아는 그리스를 침공했으나 고전을 면치 못했다.

프랑스와의 전투에서 아르덴 숲을 전차로 돌파한 '롬멜' 장군을 북아프리카 전선에 파견한다.

독일은 이탈리아를 돕기 위해

롬멜 장군

추축국의 다음 목표는 소련이었다.

폴란드

소련

체코 슬로바키아

루마니아

헝가리

유고슬라비아

불가리아

그리스

그 무렵 독일은 헝가리, 불가리아, 루마니아, 유고슬라비아를 추축국※으로 끌어들이기 위해 압력을 가했으나, 유고슬라비아가 반기를 들자 군대를 파견해 점령했다.

※ 제2차 세계대전 당시 연합국에 대항한 나라들의 국제동 가리키는 말. 독일, 이탈리아, 일본이 중심이었음

불가침
조약을
파기
한다니!

이게
무슨
소리야
…!

스탈린

인민들이여
전력으로
조국을
방위하라!

히틀러
이
자식!

스탈린은 독일의 침공 사실을
알고는 있었지만,
방위 준비를 제대로 못한 상태였다.

잠입시켜둔
스파이의
보고가
사실이었다니
….

소련의
민간인들을
학살하기에
이르렀다.

또한,
독일은
전시국제법을
무시하고

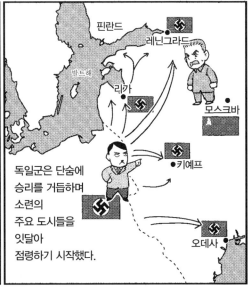

핀란드

레닌그라드

발트해

리가

모스크바

독일군은 단숨에
승리를 거듭하며
소련의
주요 도시들을
잇달아
점령하기 시작했다.

키예프

오데사

이거라도 먹던가!

소련 포로에게 줄 음식 따위 없다.

음식을 ….

먹을 것을 좀 주게 ….

또한, 수많은 포로를 잔인하게 학살하는 등 극도로 비인도적인 전쟁을 벌였으며, 그만큼 많은 희생자를 낳았다.

어차피 다 죽을 텐데! 일찍 죽어서 다행이지?!

탕

곧 소련으로 군수물자를 보내야겠군!

고통스러운 전투였는데, 이로써 독일의 전력이 동부로 분산되겠군!

독일이 소련을 침공 했다고?

오!

1941년 7월 영·소 군사동맹이 체결된다.

영국

공산주의
와의
대결은
그 다음이네.

독일을
이기는
것이
먼저다!

공산주의
국가에
군사 지원을
해도 되는
겁니까?

미국 또한 무기 대여법을
소련에도 적용하기로 하고,
대량의 군수물자를 보냈다.

좋았어!

무기를
빌려
줄게!

추축국 측의
지배·점령지

나치 독일이
유럽을 제패한 이후,
영국은 홀로 고독한 전투를
벌이는 중이었다.
그래서 독일과 소련의 싸움은
영국의 부담을
덜어주는 역할을 했다.

12월이
다 지나가고 있었지만,
독일군은 모스크바를
침공할 수 없었다.

총통께서는
올해 안에
모스크바를
공략하라고
명령하셨다.

우리가
소련을
얕잡아 보고
있었군….

생각보다
만만치
않군요
….

영국과 미국의
지원을 받아
전투력이 강화된
소련군 앞에서
독일군의 기세는
차츰
사그라들었다.

그동안 무적을 자랑하던 독일군은 결국 퇴각해 재정비를 할 수밖에 없었다.

철수! 모두 철수하라!

영하 40도의 매서운 추위에 독일군이 꼼짝 못하게 되자, 소련군은 맹렬하게 반격했다.

콰쾅

쾅

쾅

그리고 결국, 나폴레옹조차 퇴각하게 만든 러시아 겨울의 혹독한 한파가 찾아왔다.

휘이이응

대서양 해상의 뉴펀들랜드 섬 연안. 군함 안에서는 처칠과 루스벨트가 비밀회담을 갖고 있었다.

독소 전쟁이 시작된 지 두 달이 지난 1941년 8월,

영국 전함 프린스 오브 웨일스

자유주의 세계에 대한 구상은 꼭 필요한 일이지요.

공산 주의의 기세를 꺾기 위해서 라도

세계에 자유의 깃발을 내걸고 파시즘을 타도 합시다!

미국이 본격적으로 자유주의 국가들을 지원한다면, 히틀러는 틀림없이 패배할 것이오.

식민지를 다수 보유하고 있던 영국에 불리한 내용도 있었지만, 처칠은 이를 받아들였다.

미국과 영국은 영토를 확대하거나 변경하지 않는다.

해당 지역에 사는 민족이 정치를 행한다.

세계 평화를 위한 조직 설립

루스벨트와 처칠은 전쟁 후의 세계를 구상하며 '대서양 헌장'을 발표했다.

· 자유로운 무역
· 국제적인 경제 협력
· 공해 항행의 자유

하지만 아직 참전할 수 없소.

· · ·

미국인의 정의감을 흔드는 큰 계기가···.

미국 의회가 이 전쟁에 뛰어들게 하기 위해서는 명분이 필요해.

그리고 마침내 때가 왔다.

1941년 12월 8일 일본이 하와이의 진주만을 기습 공격하면서 미국과 영국에 선전포고를 한 것이다.

이로써 일본과 미국·영국 사이에 '태평양 전쟁'이 시작되었다.

같은 달 11일에는 독일과 이탈리아도 미국에 선전포고를 한다. 그렇게 전쟁의 불씨는 세계로 퍼져나갔다.

※ 일본은 같은 날, 진주만 공격에 앞서 영국령이었던 말레이 반도에 군사를 출병해 상륙함.

승리는 우리 것이다!

이제 미국이 움직일 거야!

뭐? 일본이 미국을 침공했다고?

이제 게토의 유대인에게 줄 식량이 없다는 말인가?

인류 역사상 가장 비인륜적인 계획이 논의되고 있었다.

국내에 비축해둔 식량이 다 떨어져 갑니다….

한편, 1941년 후반 나치 친위대 지도부에서는

힘러
친위대 전국 지도자

하이드리히
친위대 보안부 장관

유대인의 수는 방대하네. 그러니 효율적으로 처리하게.

유대인을 모두 강제 수용소로 보내 노역을 시키고, 쓸모없어진 사람부터 없애는 겁니다.

이번 기회에 유대인 문제를 최종 해결하는 것이 어떻겠습니까. 그것이 총통의 오랜 염원이기도 하고요.

좋은 생각이군.

결과는 아주 좋습니다.

이미 '헤움노 강제 수용소'에서 독가스를 사용한 처분을 시도하고 있습니다.

이렇게 모든 유대인을 살해하기 위한 준비가 시작되었다.

그리하여 유대인 대량학살, 이른바 '홀로코스트'가 시작되었다.

네.

다른 수용소에도 서둘러 가스실을 설치하게.

다른 강제 수용소에서도 유대인들의 학살이 자행되었다.

ARBEIT MACHT FREI

폴란드 각지에 가스실과 시체 소각 설비를 갖춘 '절멸 수용소'가 세워졌다.

딸아이의 목숨만은 살려주세요 ….

여자아이는 이쪽으로, 너는 그쪽으로 가!

잔말 말고 빨리 움직이기나 해!

게토에서 살아남은 유대인들은 가축 수송용 열차에 실려 잇달아 수용소로 이송됐다.

신이시여. 제발 아이만이라도 살려주세요....

엄마아!

엄마!

엄마!

적어도 같이 있을 수 있는 곳으로....

안 되겠군. 둘 다 여기서 죽고 싶은 거냐!

그리고 대부분, 그들이 살아서 다시 만나는 일은 없었다.

게토에서 함께 생활하던 유대인 가족들도 수용소에서는 따로 떨어져야 했다.

자유롭게 밖에 나갈 수도, 친구들과 놀 수도 없어. 하루하루가 정말 숨막혀....

언제까지 이런 생활이 계속되는 걸까.

그런 상황 속에서

네덜란드, 암스테르담

유대인 소녀인 '안네 프랑크'는 나치의 박해를 피하기 위해 가족, 지인들과 함께 은신처에 숨어 지냈다.

안네 프랑크

겨울을 사이에 두고
전투를 벌인 끝에
1943년 1월,
독일군이
스탈린그라드에서 항복했다.
그 결과, 2월에 전투가
종결되었다.

포로가 된 약 9만 명의 독일군은
소련에 15년 동안 억류되었고,
살아서 조국으로 돌아온 사람은
6천 명에 불과했다.

스탈린그라드 전투에서
패배함에 따라
독일은 독소 전쟁에서의
패색이 짙어져가고 있었다.

미국은 서쪽에서도
독일을 공격해 달라는
소련의 요청을
계속해서
거절하고 있었다.

한편,
미국 워싱턴

소련 국민에게는 미안하지만, 조금 더 버텨줘야 합니다.

영국은 어떻습니까?

하지만, 지금은 우리 미국도 일본과의 전투에 집중하고 싶소.

루스벨트

스탈린은 우리에게도 서유럽 상륙을 여러 차례 요청했소.

소련의 힘만으로 독일을 제압하는 것은 사실상 어려워 보이는구려.

처칠

그곳에서 약한 이탈리아를 공격하면, 일본을 포함한 추축국은 맥없이 무너질 것입니다.

발칸 반도

북아프리카

그러니 미군은 북아프리카 상륙을 고려해 주시오.

우리 영국은 나치가 점령한 발칸 전선과 북아프리카에서 승리해야 움직일 수 있소.

알겠소.

그리하여 1942년 11월, 아이젠하워 장군이 이끄는 미군이 북아프리카에 상륙해 '횃불 작전'을 펼친다.

아이젠하워 장군

이게 대체 무슨 일인가!

폐하의 명령입니다.

차에 타십시오.

무솔리니는 국왕과 바돌리오 정부에 의해 체포되었고, 수상 자리에서 쫓겨났다.

타

무솔리니의 뒤를 이은 바돌리오 정부는 그해 9월 연합국에 무조건 항복을 발표한다!

바돌리오
쿠데타를 일으킨 이탈리아군 참모 총장

아이젠하워 미국군 장군

독일군이 이탈리아 북부를 침공하자 국왕과 바돌리오는 로마를 탈출했고

살로
밀라노
베네치아
로마
브린디시

이탈리아는 연합국 측에 서서 독일에 선전포고를 했다.

이렇게 되면 이탈리아를 직접 점령하는 수밖에 없지.

무솔리니가 실각했단 말인가….

테헤란 회담에서는
이란의 독립과
영토 보전,
전쟁을 승리로
이끌기 위한
3국의 협력,
소련의·대일 참전이
논의되었으며.

스탈린이 주장해온
독일 서쪽으로부터의
공격전선을
마침내 설치하기로 결정했다.

그렇게
제2차 세계대전
사상 최대의 전투,
'노르망디 상륙작전'이
시작된다.

일본군은 1939년 봄까지
베이징, 텐진, 상하이, 난징, 광저우 등
연안의 대도시를 중심으로
대부분의
평야 지대를 장악하고 있었다.

중일 전쟁이
발발한
1937년으로부터
2년이 흐른
시점이었다.

만주국

창춘

펑톈

베이징

옌안

텐진

조선

일본의 점령지

중화민국

일본

난징

상하이

충칭

우한

광저우

홍콩

1939년 5월부터 노몬한 지역에서 만주국군, 일본군, 몽골군, 소련군 사이에 발생한 군사 충돌을 '노몬한 사건'이라고 부른다.

7월에는 전차까지 투입되면서 대규모 전투가 벌어졌다.

메에

전차로 공격하면 이길 수 있다.

일본의 장비는 빈약하다!

승리는 당연히 우리 것!

이몸은 역전의 일본군!

이아아

소련&몽골vs일본&만주

빌어 먹을! 전차와 무기가 부족해!

우리가 적을 너무 얕잡아 봤군 후퇴한다!

쾅 쿵

그러나 소련이 대규모 지원군을 보내오면서 일본군은 열세에 몰렸다…

쾅

우와아아~!!

일본군이 철수하고 있습니다!

이 분쟁이 한창이던 8월 23일,
소련은 독일과 불가침 조약을 맺는다.
또한, 9월 1일에는
제2차 세계대전이 시작되었기 때문에
일본은 공격 중단을
결정할 수밖에 없었다.
그 결과, 9월 15일 모스크바에서
정전 협정이 체결된다.

동시에 일본이 만주의 북쪽으로
진출하는 데 있어
소련이 걸림돌이라는 사실을
다시금 깨닫는다.

덜덜덜

일본군은
노몬한 전투의
패배로 인해
만주로의 전선 확대를
포기하게 되었으며,

그렇다면
공습으로
몰아
넣읍시다.

중화민국의 오지인
충칭까지
지상전으로
공격하는 것은
어렵소…

다시,
수렁 속의
중일 전쟁.

일본군 참모본부

이에 일본은
동남아시아로
진출하는
'남진 정책'으로
전략을 수정한다.

남방에서
자원을
확보
하자!

부우웅

몇 번이고 고쳐 주마!

우리가 질 것 같으냐!

잔해가 산더미야….

이럴 수가.

그러나 중화민국 민중의 의지를 꺾을 수는 없었다.

콰

으악!

충칭은 산간 지역의 강 옆에 자리 잡은 도시다. 그래서 안개가 짙은 날이 많았고, 폭격은 대부분 날이 맑은 날에 벌어졌다.

1941년 여름에는 전투기 약 2백 87기에 의한 대규모 폭격도 이어졌다.

또 일본군은 끈질기게 저항하는 중화민국 민중을 굴복시키기 위해 1940년부터는 시가지에 융단 폭격*을 퍼부었다.

여기는 군사 시설도 없는데….

일본군, 절대 용서 못해!

※ 융단을 깔듯이 특정 지역을 빈틈 없이 철저하게 폭격하는 것

※ 왕징웨이 정권을 가리킴

그리하여 일본군은 '신멸 작전'을 개시한다.

네 놈들, 공산당 군이지!

거짓말 하지 마!

콰

악

아니... 아니 에요!

정말입니다! 우리는 산에 있는 밭에서 옥수수나 아와를 만드는 농부입니다!

※ 중국 측의 호칭은 '삼광 작전'(모조리 태우고 죽이고 빼앗는다는 의미)

중화민국에서의 전투가 치열해지는 가운데, 장제스를 돕는 나라들이 등장한다.

일본군은 유격부대가 잠복해 있을 것으로 보이는 촌락을 파괴하고 주민을 가차없이 살해했다.

그 희생자는 실로 막대했다.

중국을 항복시키려면 이 보급선을 끊어야 하는데…

일본군은 여기에 애를 먹었다.

몽골인민공화국

이 수송 루트는 '원장(援蔣) 루트'라고 불린다.

미국과 영국, 소련 등이 물자와 인력을 수송하며 장제스를 지원했다.

신장 루트(소련)

버마 루트

프랑스·인도차이나 루트

고맙소!

장제스

충칭

난징

상하이

1938년에 일본이 광저우를 점령해 중단됨

광저우

홍콩 루트

영국령 인도

영국령 버마

프랑스령 인도차이나

태국

일본

항복 이후, 독일에 협력했던 프랑스의 '비시 정부'가 일본의 요청을 받아들인 것이다.

1940년 9월, 일본은 원장 루트를 차단하기 위해 프랑스령 인도차이나 북부*에 군사를 파견한다.

※ 현재의 베트남과 캄보디아, 라오스를 합친 지역

하지만, 미국과 영국은 육로에서 공로로 수송 수단을 바꿔 중화민국에 계속해서 지원 물자를 보냈다.

게다가 1942년에는 일본이 영국령 버마를 점령한 뒤, 중화민국으로 이어지는 보급선을 끊는다.

세 나라가 동맹을 맺는다면 미국과 영국의 움직임을 견제할 수 있을 것이오.

1940년 9월 독일, 일본, 이탈리아가 삼국동맹을 맺자 일본은 미국, 영국과 대립하는 방향으로 노선을 틀었다.

이 동맹은 세 나라 중 한 나라가 적국으로부터 공격을 받는 경우, 나머지 나라가 해당 국가에 대해 군사 및 물자를 지원한다는 내용을 담고 있다.
여기서 동맹국들의 가상 적국이란, 명백히 '미국'을 가리킨다.

하지만 일본의 움직임은 위험해지기 시작했어.

프랑스령 인도차이나 북부 지역 뿐이라면, 용인할 수밖에 없는데…

미국은 일본을 경계해 철강과 고철 같은 자원의 대일 수출을 금지했다.

루스벨트
미국 대통령

1941년 1월, 군의 이동 명령에 대한 오해를 계기로 국민당과 공산당, 양당의 군대가 충돌하는 '신사군 사건'*이 일어난 것이다.

그런 상황에서 중화민국의 항일 체제에 크게 금이 가는 일이 발생했다.

※ 안후이성 남부에서 이동 명령을 무시한 공산당 부대를 정부군(국민당군)이 공격함

공산당
군과
전투라니!

뭐어
?!

어리
석은
놈들
…!

장제스

양측이 협력해
일본에 맞서자는
국공합작
체제에 대해
우려의 목소리도
있었지만.

역시
국민당과의
협력은
어려울 것
같소….

그렇게나
큰 규모의
전투가…!

마오쩌둥

지금은
공산당과
싸우고
있을 때가
아닙니다.

건국의 아버지라 불리는
쑨원의 부인, '쑹칭링'을
비롯한 인사들이
장제스에게 서한을 보내
단결을 호소했다.

쑹칭링

일치단결 해서 일본에 맞서자!

지금은 중화민국 국민들끼리 으르렁거릴 때가 아니야!

맞아!

시민들도 쑹칭링 등의 주장에 공감했다.

양당이 힘을 합쳐 일본과 싸워야 합니다!

맞는 말이다!

옳소!

중국이 일본의 방파제가 되지 않는다면 우리 소련은 언젠가 독일과 일본 양쪽 모두와 싸워야 할지도 몰라.

또한, 신사군 사건의 발생 소식을 접한 소련은 다음과 같이 말했다.

국민당 정권과 협력하도록 중국 공산당에 전하라!

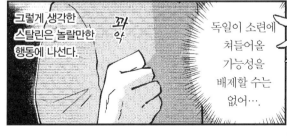

그렇게 생각한 스탈린은 놀랄만한 행동에 나선다.

꽉 악

독일이 소련에 처들어올 가능성을 배제할 수는 없어…

스탈린
소련 최고 지도자

1941년 4월 소련과 일본은 중립 조약을 체결했다.

두 나라는 대립을 피하고 이익을 우선한 것이다.

우리 일본은 남쪽에서 군수자원을 얻을 테다!

마쓰오카 요스케
일본 외상

이로써 우리 소련은 독일의 공격에 대비할 수 있어.

중화민국에 대한 지원을 강화해야 겠군.

일본은 점점 더 기어 오르겠지.

미국과 영국에 추가 지원을 요청해야 겠어…

예상치 못한 사태군…

일본과 소련이 손을 잡자 중화민국과 미국은

양쪽 모두와 전쟁하는 일은 피하고 싶어.

만약 일본과 전쟁이 일어나면 독·이·일 삼국동맹 때문에 독일이나 이탈리아와도 싸우게 되겠지.

중일 전쟁으로 인한 국제적 고립을 타파하고 싶은데…

코델 헐
미국 국무장관

노무라 기치사부로
주미 일본 대사

이러한 상황 속에서 미국과 일본 정부는 점점 나빠지는 양국 간의 관계 개선을 위해 조건 협상을 진행하고 있었다.

프랑스령 인도차이나 남부로도 진군했다.

중화민국

프랑스령 인도차이나

그러나 이와 같은 협상을 진행하면서도 같은해 7월, 일본은 더 많은 자원을 확보하기 위해

프랑스와 일본을 베트남에서 몰아냅시다!

지금 이야말로 모두 일어설 때입니다!

베트남 독립동맹회※는 종파와 당파를 초월한 베트남 인민 전체의 연합입니다.

일본군이 쳐들어오자 현지의 베트남인들은 프랑스의 지배력이 약화 되고 있다고 느꼈으며, 독립운동에 대한 사기를 드높였다.

호치민
베트남 혁명가

※ 호치민을 중심으로 결성된 민족통일전선조직. 비엣민이라고도 부름

미국은 경제 제재를 가해, 일본을 굴복시킬 수 있다고 생각했기 때문이다.

대일 석유 수출을 금지

안 팝니다

미국 내 일본 자산을 동결

인출도 입금도 안 됩니다.

미국의 은행에 돈을 넣어 뒀는데요…

미국은 대일 경제 제재를 강화했다.

그러나 이는 오히려 미국의 긴장감을 고조시켰다.

더 이상 일본의 남쪽 진출을 허용해서는 안 되겠군.

루스벨트 미국 대통령

이는 만주사변 이후 일본이 얻은 것을 모두 내놓는 것이나 다름없었다.

중국 및 프랑스령 인도차이나에서 병력을 철수할 것. 독·이·일 삼국동맹에서 탈퇴할 것.

코델 헐

11월 26일, 외교면에서도 일본에 대한 엄격한 요구를 담은 외교 제안인 '헐 노트'를 제시했다.

가능하면 미국과의 전쟁은 피하고 싶었지만 이제 어쩔 수 없소….

도조 히데키 수상

국민이 납득할 리가 없습니다.

미국의 요구는 도저히 받아들일 수 없습니다.

그러나 오히려 이것은 일본이 더욱 강경한 수단을 취하도록 몰아가는 원인이 됐다.

우선 하와이 진주만에 기습을 가해 유리하게 만들고,

단숨에 평화 협상을 성사시키는 것입니다.

하와이

우리도 이곳에서 미국과 영국에 상황을 뒤집어 봅시다. 싸움을 걸어

다행히 유럽에서는 동맹국인 독일과 이탈리아가 우세하오.

최후통첩이란 외교 관계의 단절을 의미하는 것으로, 선전포고를 의미했다.

기습을 성공시키기 위해 미국에 보내는 최후통첩은 기습 직전까지 늦추겠네.

같은 해 12월 7일 하와이의 펄 하버(진주만)

부우

옹

미국 함대는 이 공격에 반격도 하지 못하고, 정박 중인 8척의 전함을 폭파당했다.

육, 해군 병사와 민간인을 합쳐 2천 명 이상이 전사했다.

코타바루

말레이반도

같은 날, 일본군은 영국령인 말레이 반도에도 기습 공격을 가해 이곳을 점령했다.

싱가포르와 태국, 홍콩에서도 일제히 작전을 개시했고

또한, 일본군은 같은 달 10일. 말레이 반도 앞바다에서 영국을 상대로 '말레이 해전'을 벌였다. 영국 해군은 이 해전으로 인해 최신 전함을 격침당했다.

일본이 공격 개시 전에 해야 했을 '선전포고'[1]가 늦게 전달된 것이다.

이제 와서 무슨!

외교 협상 단절 통고?!

그러나 통상 선전포고라 여기는 '외교 관계 단절 통보'는 진주만 공습이 시작된 지 한 시간 후에야 도착했다.

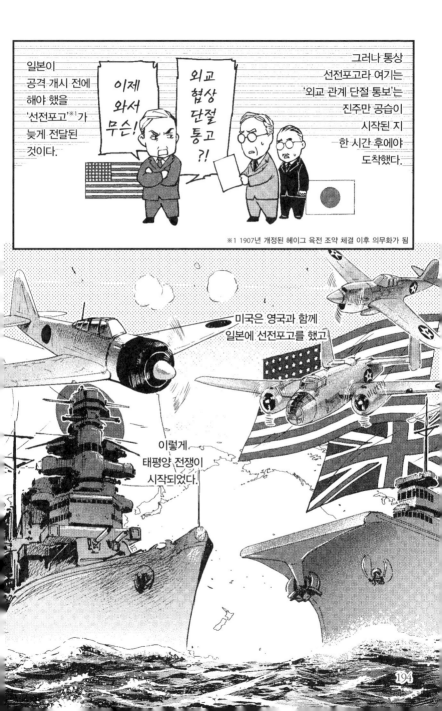

※1 1907년 개정된 헤이그 육전 조약 체결 이후 의무화가 됨

미국은 영국과 함께 일본에 선전포고를 했고

이렇게 태평양 전쟁이 시작되었다.

일본은 말로만 평화를 외치는군! 슬그머니 함대를 하와이로 보내다니.

일본의 속임수 공격으로 많은 젊은이가 죽었어!

일본의 선전포고 없는 개전은 미국 시민들의 분노에 불을 붙였다.

와아 아아 아아

리멤버 펄 하버※2!

저 비겁한 공격을 용납해서는 안 됩니다!

※2 일본의 진주만 공습을 잊지 말자는 뜻으로, 일본과의 전쟁 슬로건으로 사용되었음.

일본이 진주만을 공격한 날은 우리 미국에게 치욕의 날로 기억될 것입니다!

일본은 기습 작전을 성공시켰지만, 속임수 공격에 대한 분노는 미국 국민을 단결시켰다.

MBC M
NBC
CBS

미국의 참전은 제2차 세계대전의 판도를 크게 바꿔 놓는다.

이에 따라 미국은 유럽·대서양과 아시아·태평양의 양면전에 돌입했다.

12월 11일, 일본이 선전포고한 뒤 이탈리아와 독일 역시도 삼국동맹에 따라 미국에 선전포고를 했다.

195

이는 곧 독일이 패전으로 향하는 분기점이 된다.

같은 시기 유럽, 독일군이 소련에서 철수하고 있었다. 장기화되는 독소 전쟁에서 모스크바 함락에 실패한 것이 원인이었다.

퇴각한다!

두고 가지마!

그럽시다. 우리 전쟁의 목적을 명시하고, 결속을 다지는 것도 필요하지요.

미국·영국 연합군의 합동본부를 설치하고 먼저 유럽 전투에 집중합시다.

미국 참전 직후, 미국과 영국 정상은 대서양 회담에 이은 두 번째 회담을 열었다. '아르카디아 회담'이었다.

영국, 미국, 소련, 중화민국을 비롯한 연합국들은 이 전쟁에서 승리할 때까지 싸우기로 합의했다. 또한 각국이 단독으로 휴전하거나 강화를 맺지 않기로 맹세한다.

이 회담의 결과, 1942년 1월, 일본, 독일, 이탈리아와 교전했던 26개국이 '연합국 공동선언'을 발표했다.

일본·독일·이탈리아는 추축국이라고 불렸다.

이 4개국을 중심으로 한 진영은 연합국이라 불렸으며,

마침내 우리 중화민국이 세계의 지지를 얻어 일본 침략에 대항하는 전략이 이루어졌다!

이제야 승리가 눈앞에 보이는군!

꽈악

중화민국은 연합국 진영에 가담하게 되면서 그동안의 고립 상태에서 벗어나 동맹국을 얻게 되었다.

1941년 12월
필리핀 상륙

1942년 1월
마닐라 점령

1942년 1월
버마 진주

1941년 12월
태국 진주

1942년 5월
코레히도르 섬 점령

1942년 2월
싱가포르 점령

1942년 3월
자바 진주

일찍이 전쟁을 준비했던 일본은 동남아시아부터 서태평양까지 맹렬히 진격해 나갔고 미국, 영국, 네덜란드의 식민지를 잇따라 점령했다.

인도네시아의 민족운동 지도자 '수카르노'. 그는 지배국인 네덜란드에 의해 유배 생활 중이었다. 독립운동을 전개했다는 이유 때문이었다. 이에 일본은 수카르노를 풀어준다.

일본은 점령지·지배를 원활하게 추진하기 위해, 지배국의 탄압을 받고 있던 독립운동 지도자를 추대한다.

이것 또한 인도네시아 독립의 기회가 될 수도 있는 법.

일본은 나를 이용하려고 하지만

수카르노
훗날 인도네시아 공화국 초대 대통령

협력하는 척하며 역으로 이용하는 걸세.

일본은 해방자가 아닙니다! 백인들과 다를 바 없습니다!

일본에 협력한다는 말씀 이십니까?

이밖에도 인도의 '찬드라 보스'를 비롯한 독립운동가들이 일본을 이용해 자국의 독립을 이루려는 움직임을 보이기 시작했다.

그들이 자멸하면 우리는 진정한 독립을 이룬다!

일본과 서방이 다툴수록 그들은 피폐해질 것이다.

미국보다 중화민국을 항복시키는 게 우선이잖아!

하지만 만주사변 이래, 정부 방침을 무시하며 분쟁을 만들던 현지의 일본군은 또다시 독자적인 행동에 나선다.

중화민국에서는 치안 유지를 주 목적으로 하라! 대규모 군사 작전은 펼치지 않는다!

일본은 미국과의 전쟁으로 인해 여력이 없어서, 중화민국과의 전투는 되도록 피하고자 했다.

항일

탕

탕

탕

충칭

창사

후난성

1941년 말, 일본군은 전투가 이어지던 내륙 지역 '후난성'에서 대공세를 개시한다.

또한, 미국이 1941년 3월에 '무기대여법'을 제정함에 따라, 중화민국군이 강력한 장비를 얻게 되면서 점차 일본군을 압도해 나가게 된다.

후난성의 최대 도시인 '창사'에 한차례 입성하지만 1942년 1월에 철수하고 만다.

하지만 이때도 중화민국군의 거센 반격에 부딪혔고,

탕

타

탕

탕

이동하라!

대륙에서의 일본은
중화민국을 공격하는 데
애를 먹고 있었지만,
주로 해전과 상륙전이었던
태평양 전쟁에서는
개전 후 반년 동안
승리를 이어가고 있었다.

또한, 16대의 폭격기로
도쿄, 요코스카, 나고야, 고베에
공습을 가했다.

쿵

콰

쾅

그러나 1942년 4월,
미국은 항공모함※을
일본 근해로 보낸다.
이는 일종의
실험이었다.

※ 항공기를 실어 바다
위의 항공기지로
사용할 수 있는 군함

이런
상황에서
전쟁의
조기 종결을
기대하기란…

진주만 공습은
성공했으나,
미국의
항공모함은
아직 건재하군.

일본 정부와 군부는
처음으로 본토를
공격당했다는 사실에
큰 충격을 받는다.

체스터 니미츠
태평양함대 총사령관

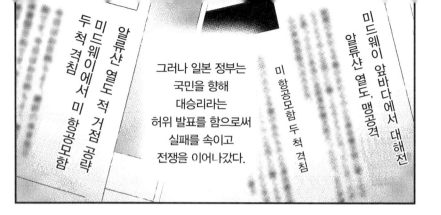

미드웨이 앞바다에서 대해전
알류샨 열도, 맹공격

미 항공모함 두 척 격침

그러나 일본 정부는 국민을 향해 대승리라는 허위 발표를 함으로써 실패를 속이고 전쟁을 이어나갔다.

알류샨 열도 적 거점 공략
두 척 격침
미드웨이에서 미 항공모함

대동아공영권

아시아를 식민지 지배로부터 독립시키고 아시아인에 의한 국가 연합을 실현하자!

한편, 당시 일본은 서구의 식민지였던 아시아 국가들을 지배하에 두고 있었다. 그들은 이를 발판 삼아 1942년, '대동아공영권' 건설을 선언한다.

선거는 인정하지 않음

선거

각국 수뇌는 일본이 인정한 자만이 될 수 있음

일본에 협력적 이군.

말레이와 인도네시아는 당분간 일본의 군정하에 둠

여긴 일본이야!

하지만 일본은 아시아 각지의 주권 회복을 진정으로 인정하려던 것은 아니었다.

1943년 8월 버마 바 모 총리 아래 '독립' 선언

각지의 주권※을 회복하면 민중의 지지도 얻을 수 있겠지!

1943년 10월 필리핀 라우렐 대통령 아래 '독립' 선언

※ 단, 양국 모두 군사와 외교의 주도권을 일본이 갖고 있었음

1943년 11월 대동아회의를 개최했다.

일본은 지배하에 둔 국가의 대표들을 도쿄로 모아,

만주국 장징후이 국무총리

도조 히데키 수상 일본

필리핀 라우렐 대통령

버마 바모 수상

남경정부 왕징웨이 주석

태국 수상대행 완 와이타야쿤 왕자

자유인도 임시정부 찬드라 보스 주석

회의 내용은 각국의 대표들로부터 비난받을 법한 내용이었다.

인도네시아를 독립시킬 생각이 없는 이유는 일본이 우리의 자원을 독점하고 싶어서인가!

선언은 훌륭하지만 일본은 우리를 대등하게 대우할 생각이 없다!

그리고 각국의 공존공영과 독립의 의지를 담은 대동아 공동선언을 발표했으나.

라우렐 필리핀 대통령

완 와이타야쿤 태국 친왕

그 결과 아시아 여러 지역에서 항일운동이 고조된다.

백인이 일본인으로 바뀐 것 뿐이잖아!

우리를 부려먹기나 하면서!

아시아 해방은 무슨!

실제로 일본이 아시아에서 실시한 것은 각지에서 자원을 확보해 전시 경제체제를 구축하려는 자국 중심의 정책이었다.

1943년 9월, 이탈리아가 연합국에 항복한 것이다.

일본이 아시아 통치에 애를 먹고 있을 무렵 유럽에는 큰 변화가 있었다.

추축국의 한 축이 무너졌으니,

향후 일본에 대한 대책과 종전 후에는 일본을 어떻게 처리할 것인지 논의해 봅시다.

그러자 같은 해 11월, 연합국의 지도자들이 이집트 카이로에 모여 '카이로 회담'을 열었다. 일본에 대한 기본 방침을 결정하기 위함이었다.

중화민국 국민정부 주석
장제스

미국 대통령
루스벨트

영국 수상
처칠

이 3자회담의 합의 내용은 '카이로 선언'으로 발표된다.

조선의 독립

만주와 대만, 펑후제도를 중화민국에 반환

일본이 제1차 세계대전 이후에 획득한 태평양상의 섬을 포기시킬 것

유럽에서 독일이
고전하고 있을 때,
일본 역시도
태평양 전쟁에서
패배를 거듭하는
중이었다.

미국에
투항하십시오!
안전은
보장합니다!

불과 얼마 전이었던 7월,
사이판 섬의
일본군이 전멸했다.

대일본
제국
만세!

탓

항복한 군인과 민간인의 안전은
국제 조약에 보장되어 있다.
그러나 일본 정부는 항복을
수치스러운 행위라 교육했고,
때문에 많은 군인과 민간인이
스스로 목숨을 끊었다.

투항은
일본인으로서
수치스러운
행위다…!

그럴
바에야
…

스
윽

사이판 섬과 일본 본토 사이의 거리는 직접 폭격기를 띄울 수 있을 정도로 가까웠다. 미군은 이곳을 점령해 일본 공습을 위한 거점으로 삼았다.

사이판 섬

일본

도망 쳐!

공습 이다!

11월, 미국은 일본 본토에 대한 무차별적인 도시·폭격을 퍼붓기 시작했다.

전쟁 종결 후의 안전 보장과 체제 구축에 대해서도 논의해야 합니다.

독일 항복 이후의 유럽 영토 문제도 있고

연합국의 승리가 코앞으로 다가왔군요.

1945년 2월, 독일의 패배가 눈앞에 다가온 가운데 연합국의 지도자들이 모여 '얄타 회담'을 개최했다.

루스벨트
미국 대통령

총회는 만장일치가 아니라 다수결에 따라 결정이 원활하게 이루어지도록 합시다.

모든 나라가 평등하게 권리를 행사할 수 있도록 말입니다!

국제연합 새로운 조직

총회
모든 회원국이 참가하며, 다수결로 결정한다.

안전보장이사회
강대국 중심의 모임. 상임이사국은 '거부권'을 행사할 수 있으며, 만장일치로 의사를 결정한다.

우선 지금의 국제연맹을 대체하기 위해 국제연합을 설립합시다.

그렇다면 민주적인 형태로 선거를 실시해 국가의 지도자를 정하기로 약속하겠소.

저것은 소련이 만들어 낸 정권이니….

폴란드 임시 정부 지도자의 정통성을 인정할 수 없소!

다음은 유럽인데….

스탈린
소련 최고 지도자

처칠
영국 수상

남사할린의 반환

만주의 철도 및 항만 권익의 회복

쿠릴 열도 양도

소련은 독일과의 전투에서 큰 손실을 입었소.

만약 일본에 승리한다면 러일 전쟁 이전에 러시아 제국이 가지고 있던 영토와 권익을 넘겨주시오.

그리고 문제는 일본이오.

소련도 빨리 대일 전쟁에 참전해야 하오!

3개월 이내에 일본으로 쳐들어갈 준비를 시작하겠소.

그럼, 독일 항복 이후

단, 이 내용은 비밀로 해 둡시다.

… 알겠소.

비밀 협정 자체가 국제법 위반※이라는 사실은 지금까지 북방영토 영유권 문제를 복잡하게 만들고 있는 요인 중 하나다.

소련의 참전과 영토 요구에 관해서는 비밀로 부쳐졌으나

이렇게 전후 방침을 결정한 얄타 회담은 끝이 났다.

※국제법에서는 당사국이 관여하지 않은 영토의 이전은 무효로 정해져 있음

스탈린 자식 제멋대로군...

하지만, 지금은 힘을 합쳐 일본과 싸울 수밖에 없어...

더구나 종전 후에는 만주의 권익을 내놓으라고 했단 말인가?

뭐? 소련이 참전을 해?

소련의 대일 참전 소식을 얄타 회담 한 달 후에 알게 된 장제스는

소련의 요구에 격분하고 있었다.

영국
런던
파리
프랑스
연합국
스페인
스위스
이탈리아
베를린
독일
체코슬로바키아 망명정부
헝가리
유고슬라비아
그리스
폴란드
바르샤바
연합국
소련
루마니아
불가리아

4월이 되자 드디어 소련군이 독일의 수도, 베를린으로 진군했다.

213

힘러 너도 배신한단 말이냐?

나치 친위대장 '하인리히 힘러'가 연합국에 항복을 제의했으며…

그 모습을 본 히틀러의 측근들은 하나둘씩 그를 배신했고

괴링 자식! 멋대로 연합국과 휴전 협상을 시작했다고?!

4월 25일, 베를린이 소련군에 완전히 포위되면서 독일의 패배는 시간문제나 다름없었다.

그리고 히틀러는 자살을 선택했고

1945년 5월 7일, 독일은 항복했다.

같은 해 7월 17일, 연합국 지도자들은 독일 '포츠담'에 모였다. 유럽의 전후 처리와 일본에 항복을 촉구하기 위한 논의가 이어졌다.

소련은 폴란드에 민주 정권을 만들겠다고 해놓고, 지키지 않고 있소!

8월 중에는 대일 전쟁을 개시하겠소.

태연

스탈린
소련 최고 지도자

거액의 배상금이 히틀러를 낳았소! 벌써 잊은 것이오?

또한 독일에 대한 배상 요구도 참아야 하오!

처칠
영국 수상

이때 미국 대통령에는 임기 중반에 병사한 루스벨트를 대신해 부통령이었던 트루먼이 뒤를 이은 상태였다.

스탈린 녀석, 아주 뻔뻔하군 …!

해리 S. 트루먼
미국 대통령

1945년 8월 6일,
미국은 막 완성된 원자폭탄을
히로시마에 투하했다.

와
장
창

턱

으....

원자폭탄은 순식간에
히로시마를 소멸시켰다.
그해 말까지 열상, 외상,
방사선 장애 등
원폭으로 인해
목숨을 잃은 피해자만
약 14만 명에 달했다.

또한, 시내에 위치한
군수 공장에서
학도 동원으로 일하던
여학생들도
원자폭탄의
희생자가 됐다.

소련

만주

초토화시켜도
좋다!
최대, 최고
속도로
침공하라!

한편, 소련은
소련과 일본 사이의
중립 조약을 어기고
8월 9일,
만주로 쳐들어갔다.

소련군에게 붙잡힌 일본군과 민간인들은 시베리아 일대의 포로수용소로 보내져 억류되었고, 강제 노동에 동원되었다.

이후, 소련군은 일본이 항복한 뒤에도 진군을 멈추지 않았다. 만주에서는 무려 20만여 명의 사람들이 목숨을 잃었다.

일본 정부에 따르면 억류자는 약 57만 5천 명으로 추정된다.

연합국 측은 전면적인 수락만을 요구하고 있소.

연합국 측에 포츠담 선언의 내용을 조건부 수락한다고 통지했으나,

8월 14일, 일본 정부는 어전회의※¹를 실시한다.

※1 천황 앞에서 이루어지는 대신, 군부 수뇌의, 합동 회의

비록 이기지 못하더라도 일본 민족은 '일억옥쇄'함으로써 그 이름을 역사에 남겨야 합니다!

아직 본토 결전이 있습니다!

아나미 고레치카
일본 육군 대신

더욱이, 같은 날 미국은 두 번째 원자폭탄을 나가사키에 떨어뜨린다.

나가사키에서는 그해 말까지 약 7만 4천 명이 목숨을 잃었다.

이렇게 된 이상 결단을 내리셔야 합니다.

무조건 항복인지, 본토 결전인지…

스즈키 간타로 일본 수상

이 두 차례의 원폭 투하와 소련의 참전으로 일본은 궁지에 몰렸다.

국민이 더 이상 희생되는 것은 견딜 수 없소.

항복 하겠소.

쇼와 천황

으윽 …

8월 15일, 천황은 '옥음방송'※2을 통해 국민에게 항복을 전했다.

※2 쇼와 천황이 종전 조서를 읽은 라디오 방송

9월 2일, 일본은 항복 문서에 조인했다.

이로써 제2차 세계대전은 연합국의 승리로 끝났다.

맴 앰

맴

맴

일본과의
끝났
곧 공산
싸움이
시작될 것

만주를
점령하고
있는 소련도
방심할 수
없어.

앞으로의
시대가
어떻게
전개될 지
모르겠지만

우리의
싸움은
앞으로도
계속될
걸세.

인류 역사상
전례 없는 규모의
희생을 낳은
제2차 세계대전은
막을 내렸다.

그러나
세계는
분단의 시대를
맞이하려 하고
있었다.

정판)/『詳說世界史B』(개정판)/
판)/『世界史用語集』(개정판)
リズム 1925-1945 シリーズ 中国近現
東 世界戦争のなかの革命 現代アジア
』(제3판)
大戦の起源』/『ヒトラーとナチ・ドイツ』
ナチスの戦争1918-1949 民族と人種の戦い』/
チスによるユダヤ人大量殺戮の全貌』
会,『現代中国の歴史 両岸三地100年のあゆみ』
アンネの日記 増補新訂版』
社,『朝鮮現代史』
店,『輪切りで見える!パノラマ世界史⑤ 変わりつづける
』
文社,『旺文社世界史事典』
学習研究社,『「詳解」西部戦線全史 死闘!ヒトラー vs.英米仏
1919～1945』

- KADOKAWA,『ざんねんな兵器図鑑』『ヒトラーの戦い 世紀の
  独裁者 その全軌跡 ワイドカラー版』
- 河出書房新社,『図説写真で見る満州全史』/『図説 日中戦争』
  『図説 2・26事件』
- 高文研,『日中戦争全史 上・下』
- 小学館,『日本大百科全書』

- 中央公論社,『革命家孫文 革命いまだ成らず』/『張学良はなぜ
  西安事変に走ったか 東アジアを揺るがした二週間』
- 東京大学出版会,『重慶国民政府史の研究』
- 白水社,『張作霖 爆殺への軌跡一八七五-一九二八』
- 浜島書店,『アカデミア世界史 時代と地域の羅針盤』
- 原書房,『写真で見るヒトラー政権下の人びとと日常』/『図表と
  地図で知るヒトラー政権下のドイツ』
- 平凡社,『世界大百科事典』
- みすず書房,『ノモンハン1939 第二次世界大戦の知られざる始
  点』
- 山川出版社,『詳説日本史B』(개정판)/『世界史リブレット』/『山
  川世界史小辞典』

【WEB】
NHK高校講座 世界史,国立公文書館 アジア歴史資料センター,国
立国会図書館,埼玉県平和資料館,NHK for School

이 책을 만든 사람들

- **감수:** 하네다 마사시(HANEDA MASASHI)
  도쿄대학 명예 교수

- **플롯 집필 · 감수:**

  제1장 구보 도루(KUBO TORU)
  신슈대학 특임교수

  제2장 기타무라 아쓰시(KITAMURA ATSUSHI)
  고베학원대학 준교수

  제3장 기타무라 아쓰시(KITAMURA ATSUSHI)
  고베학원대학 준교수

  제4장 구보 도루(KUBO TORU)
  신슈대학 특임교수

- **자켓 · 표지:** 곤도 가쓰야(KONDOU KATSUYA)
  스튜디오 지브리

- **만화 작화:** 사카키바라 렘(SAKAKIBARA REM)

- **내비게이션 캐릭터:** 우에지 유호(UEJI YUHO)

차별적 표현에 대하여

『세계의 역사』 시리즈에는 현대를 살아가는 우리가 입에 담아서는 안 될 차별적인 표현을 사용한 부분이 있습니다. 역사적 배경이나 시대적 관점을 보다 정확하게 전달하기 위해, 불편함을 무릅쓰고 꼭 필요한 최소한의 용어만 사용했습니다. 본 편집부에게 차별을 조장하려는 의도가 없다는 점을 알아주시길 부탁드립니다.

– 원출판사의 말

세계의 역사

제2차 세계대전

(1939년~1945년)

초판인쇄 2022년 12월 30일
초판발행 2022년 12월 30일

감수 하네다 마사시
옮긴이 일본콘텐츠전문번역팀
발행인 채종준

출판총괄 박능원
국제업무 채보라
책임번역 김예진
책임편집 조지원
디자인 홍은표
마케팅 문선영 · 전예리
전자책 정담자리

브랜드 드루주니어
주소 경기도 파주시 회동길 230 (문발동)
문의 ksibook13@kstudy.com

발행처 한국학술정보(주)
출판신고 2003년 9월 25일 제406-2003-000012호
인쇄 북토리

ISBN 979-11-6801-792-4 04900
       979-11-6801-777-1 04900 (set)